半径50メートルの世界

フィリピン　バランガイ・ストーリー

岡田 薫
Okada Kaoru

論創社

アパート前の露路ではいつも大勢の人が集まって飲んでいる

マンダルーヨン市のバランガイ風景

フィリピン大学ディリマン校キャンパス

キアッポ地区にある川沿いのバランガイ

バランガイでは子どもたちも元気いっぱいに遊んでいる

バランガイで。売れそうなケーブルを取り出す父親と子どもたち

バルット売り中のジェプ

マカティ市内のバランガイにある市場風景

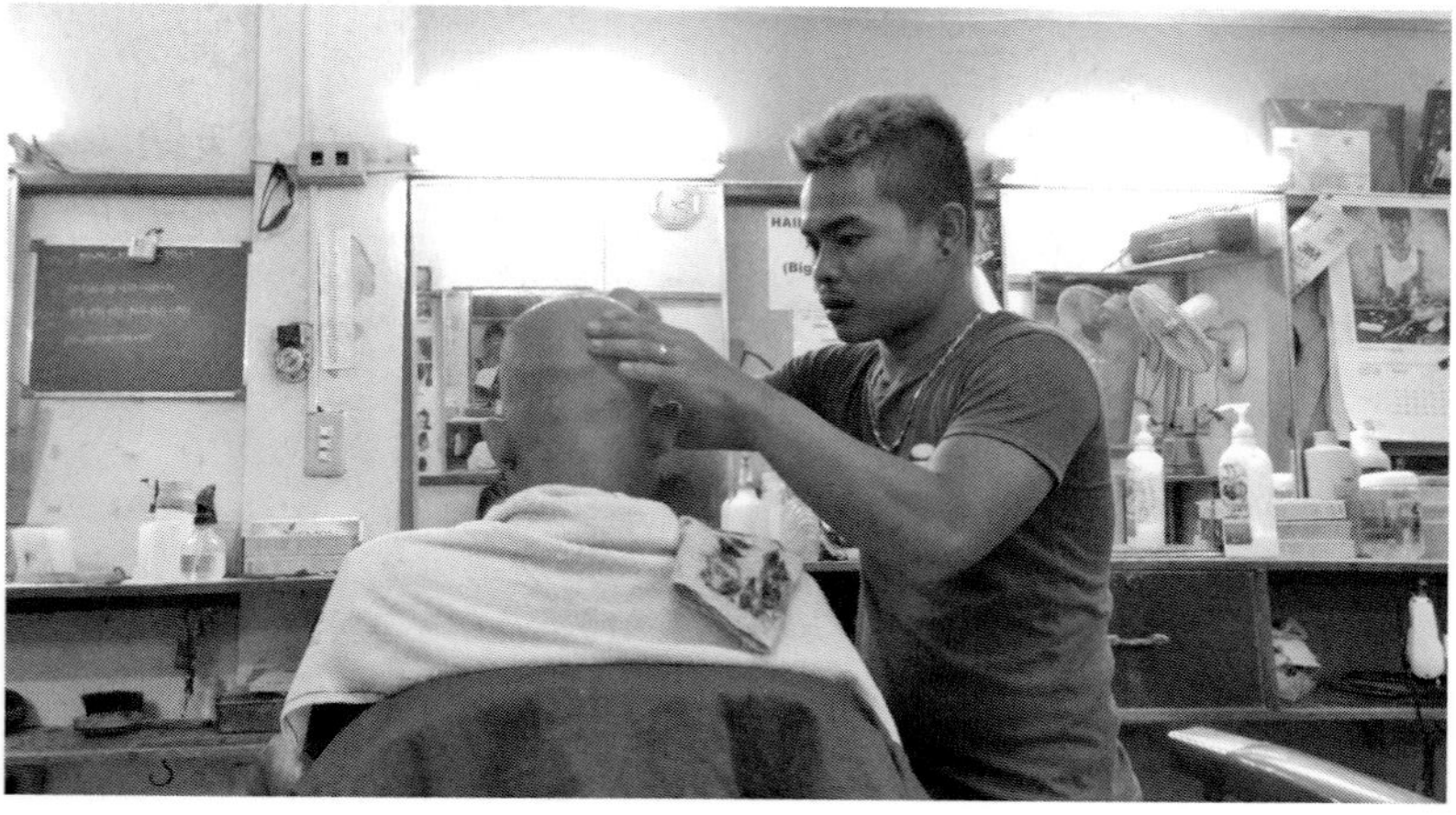

クルス・ナ・リガスの散髪屋。サンデーではないけれど髪を切るほうも切られる方も飲み友達

ラミ（中央）とその姉妹たち

ブランデーのエンペラドールライトと、割って飲むための水を回すマルコ

バランガイの子どもたちの笑顔は眩しいぐらいだ

人は道端に集まり、そこには自然と飲みの席ができる。こうしたバランガイの光景は減りつつある

物語のはじめに

ボクがフィリピンのマニラ首都圏、ケソン市に来たのは二〇一二年の秋だった。ひょんなことからフィリピン大学大学院で勉強がしたい、と思った。それはボクにとってとんでもない挑戦になった。なにしろ公立の高校時代、学年ビリの「落ちこぼれ」だったからだ。小・中・高と勉強が大嫌いで、教科書を開くと即座に眠気に襲われた。高校卒業後、仲間たちとバンド活動に打ち込み、二年遅れで大学に入学。そこで遅ればせながら生まれて初めて勉強する楽しさを味わった。卒業しても会社への就職には気が乗らなかった。海外での生活に魅力を覚え、日本語教師の資格をとった。何年間かアジアの国々で過ごしながらも、どこか「宙ぶらりん」の感覚があった。思い切って、培った日常英語を武器にこの国立の難関大学にチャレンジした。

以前、日本語教師としてマニラの中心マカティ市に三カ月半滞在した。でも空港から渋滞に巻き込まれるとバスで三時間もかかるケソン市は初めてだった。

初めてフィリピン大学に来た時は、その広大なキャンパスに面食らった。どこが何の建物か皆目わからず迷子状態だった。面接の担当教授は三人で、特別難しいことは聞かれず、日本語ができる教授は「おっ、日本人か！　いいねえ～」、と反応がやけに軽かった。

英語の筆記試験はまったくのチンプンカンプン。フィリピン人志願者ですら初めて見るという単語の羅列に頭を抱えていた。日本の中学レベルの参考書で挑んだ数学の試験も見事に撃沈した。作文問題二つはなんとか単語を並べて埋めてみた。果たしてそれが意味を成していたかは不明だ。

意気消沈したまま結果を待っていると、後日合格通知が届いたので正直驚いた。外国人枠か何かがあったのかもしれない。とにかくボクはフィリピン大学大学院のアジアセンターで、フィリピン学を一から勉強する機会に恵まれた。

入学できたことはまさに幸運そのものだった。その分その後の苦労が半端なく、論文形式の多い試験はやたら難しく、一字一句辞書を引きながら格闘した。英語のみならず、タガログ語まで混ざるクラス内の討論についていくのは至難の業だった。ひと言も口を開けず毎度凹んでいた。授業を終えた後はいつも絶望的な気持ちがつきまとい、そんな時は部屋に帰って道端で思い切りアフリカ太鼓のジャンベを叩き、知り合いや子どもたちと語らうことで救われた。

フィリピン大学は倍率が高く、入学時の精査は相当シビアだ。しかもアメリカ式の教育制度のもと、日本とは逆に出口審査が厳しい。入れたのはいいけれど、大変な道のりになる。それでもなんとかやってこられたのは、ボクのことを温かく迎え入れてくれた友人たちがいたからだ。イェン、アシュレイ、メフメッド、ピニンおばさん、サンデー、ジェプ、マルコ……。彼らバランガイの住人、仲間たちがいなければ、今頃どうなっていたかわからない。

バランガイとは、自治体の最小行政区のことだ。二〇一八年時点で四万二〇〇〇を超えるバランガイが全国にある。大きさもバラバラで、人口も二〇〇〇から五〇〇〇人、中には二〇万人を超える市レベルの巨大なバランガイさえある。一般的には人口が密集し、隣近所誰もが知り合いで、生活と零細商売が同時に営まれている空間だ。都市のバランガイでも、どこか「田舎」のような一種独特な雰囲気が漂う。日本ではいまや失われつつあるコミュニティー風景なのかもしれない。バランガイの中で日々の必要最低限のものは揃い、生活が完結してしまう。それでいて「浦島太郎」状態になることはなく、国の政策に伴う変化が一番顕著に現れてくる「最前線」でもある。

今ボクが住んでいるのは、ケソン市の大学近くにあるバランガイ・クルス・ナ・リガスだ。小さな商店が軒を連ねる通りから一歩入った路地の、古い三階建てアパートの一室だ。ここはスラムというカテゴリーではないが、インフォーマルセトラー（非正規居住者）もいるにはいる。大雑把に言えば、低の中から中の中といった経済状況の人びとが所狭しと居住している。

ここでの生活、特に周囲の友人たちが背負う世界に触れることで、ボクは日々多くの気づきをもらっている。どちらかというと「マジョリティー（多数派）」に属する人たちの日常は、その日暮らしに見えて、つねに目は先を向いている。

日本に戻るたび、言葉にするのが難しい「閉塞感」を感じていた。もしかしたらそれを克服するためのヒントが、ここバランガイの彼らの生活には多く散りばめられているのかもしれない。この本によって、フィリピンを今一度見直すきっかけとなり、また、多様な価値観の風をいくらかでも吹き込めたなら、すごくうれしい。

それでは、隣人たちとのストーリーをここに紹介していきたい。

目次

目次

目次

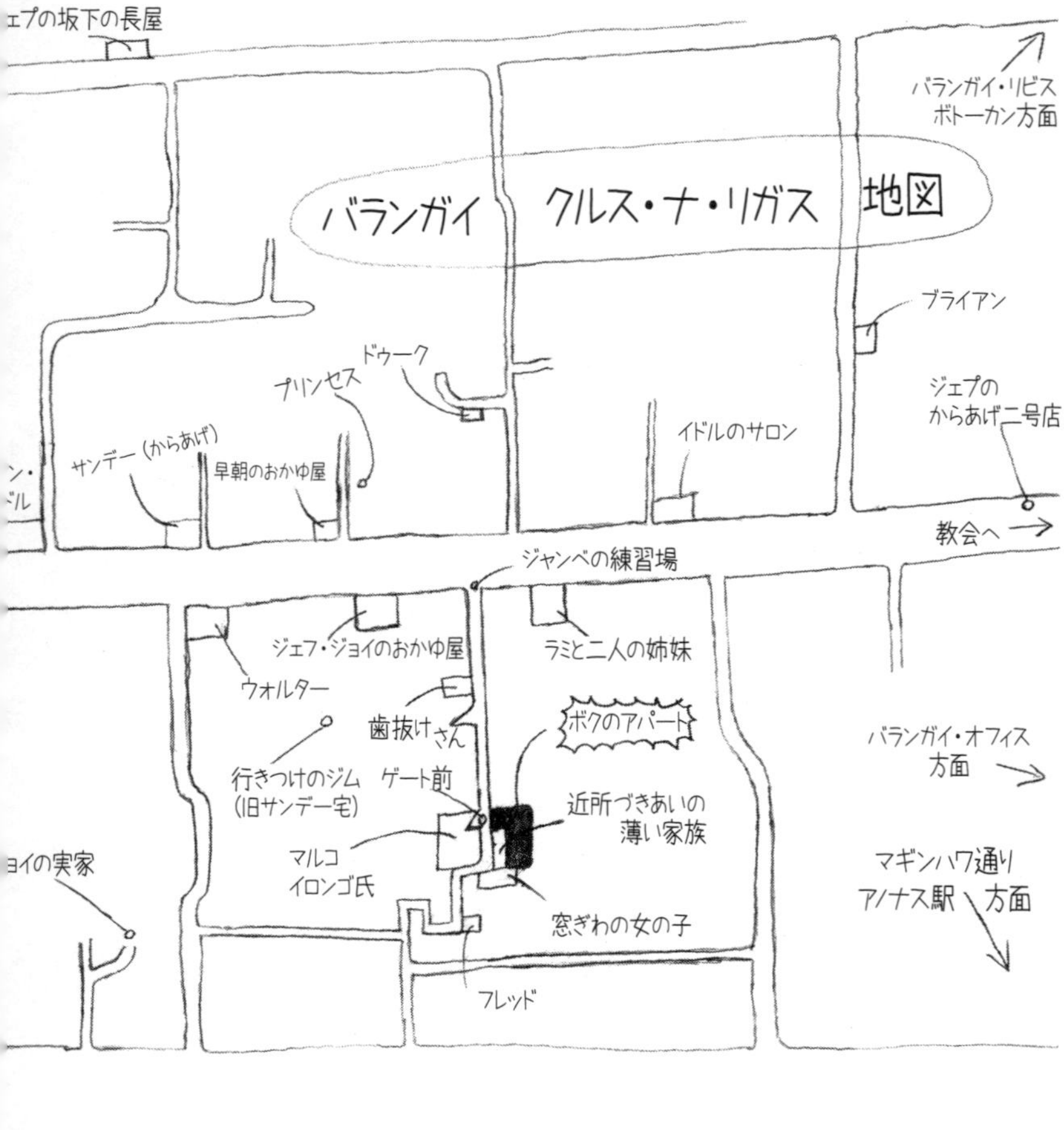

バランガイ　クルス・ナ・リガス　地図
ェプの坂下の長屋
バランガイ・リビス
ボトーカン方面
ブライアン
ドゥーク
プリンセス
ジェプの
からあげ二号店
イドルのサロン
サンデー（からあげ）
早朝のおかゆ屋
教会へ
ジャンベの練習場
ジェフ・ジョイのおかゆ屋
ラミと二人の姉妹
ウォルター
歯抜けさん
ボクのアパート
行きつけのジム
（旧サンデー宅）
ゲート前
近所づきあいの
薄い家族
バランガイ・オフィス
方面
マルコ
イロンゴ氏
ョイの実家
窓ぎわの女の子
マギンハワ通り
アノナス駅　方面
フレッド

フィリピン諸島

ルソン島
パンガシナン州
ナボタス市
メトロ・マニラ（首都圏）
ケソン市
パンパンガ州
バタアン半島
タガイタイ市
ロンブロン島
バコロド市
（ネグロス島）
タクロバン市
（レイテ島）
イロイロ市
（パナイ島）
セブ市
（セブ島）
ビサヤス諸島
シパライ市
オザミス市
ミンダナオ島
マラウィ市
スルタン
クダラット州
ダバオ市

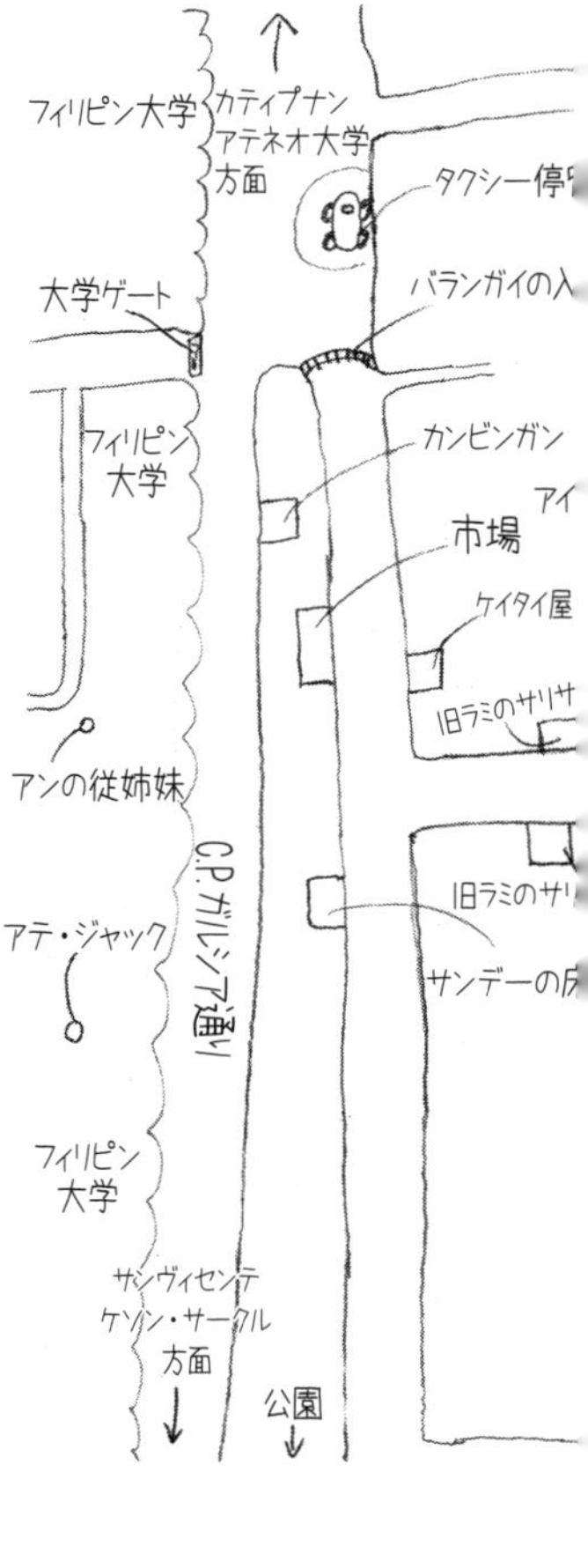
フィリピン大学
カティプナン
アテネオ大学
方面
タクシー停
大学ゲート
バランガイの入
フィリピン
大学
カンビンガン
市場
ケイタイ屋
旧ラミのサリサ
アンの従姉妹
C.P.ガルシア通り
旧ラミのサリ
アテ・ジャック
サンデーの店
フィリピン
大学
サンヴィセンテ
ケソン・サークル
方面
公園

半径50メートルの世界

——フィリピン　バランガイ・ストーリー

「泥棒」をつかまえた夜

入学まで

希望していたアジアセンターの入学試験に通り、意気揚々とマニラ入りしたにもかかわらず、TOFLEの結果通知の遅れなどで大学とひと悶着あった。マニラに頼れる知人が一人もいなかったボクは、英語力でも度胸の面でも職員たちと対等に渡り合えず、泣く泣く半年間の入学延期に従った。それで降って湧いた数カ月、近くの英語学校で勉強することにした。この期間があったからこそ、自己流の非効率な勉強法とはようやく決別することができた。

そんな時期のある晩、ボクは「泥棒」をつかまえた。その経験は「泥棒は犯罪」という短絡的な考え方にいい意味で揺らぎを与えてくれた。

ボクが間借りしていたのは、フィリピン大学ディリマン校内にあるホテルとアジアセンターの間を流れる小川沿いにある一軒家だ。中東へ出稼ぎに出ている息子が、一人暮らしの年老いた母親のために改築した、敷地ばかり広い家だった。住んでいた半年間、敵意むき出しの番犬にはまったく近づけなかった。こちらが親身に接しても敵意を抱くとは、ずいぶん損なやつだと思っていた。

　その家には間借り人が数人いた。空き部屋を貸し部屋に改装し、一部屋ずつ新たに戸口を設け、台所とリビングだけが家主のおばあちゃんの空間になっていた。「一人で自由に使ってちょうだい」と、どうみても一人用のスペースに、二段ベッドと仮設ベッドを押し込んだゲートに近い部屋をあてがってくれた。「電気代と水道代込みで一か月三五〇〇ペソ（約七〇〇〇円）」と、アベノミクス前の円高で割安感はあった。

　窓の網戸にはところどころ穴が開いていた。日本からジャンベ（アフリカ太鼓）を包んできた薄い布をカーテン代わりにそこへ垂らした。外からの目をやんわり遮断していたつもりでも、外からは影絵状になっていた。一二月の早朝には網戸越しの寒さに震えた。

　まれに短期滞在者であるトランシェントが、空いたベッドで眠っていることもあった。そんな時は音

フィリピン大学に来て最初に入った家。きれいに見えるが、ゴキブリが多かった

楽を聞くことも英語の予習もせずに、早々明かりを落として眠るだけだった。彼らは一泊三〇〇ペソで泊まっていた。

部屋にはテレビやインターネットはおろか、冷蔵庫や台所すらなく、扇風機一台と机、椅子一脚が家具のすべてだった。フィリピンでは一般的にトイレとシャワーは一緒だ。部屋にトイレがあるだけラッキーといえる。ボク以外の住人は屋外のトイレを共用していた。

間借り人仲間にイェンがいた。彼はフィリピン大学法学部が一般向けに開講する、弁護士国家試験対策コースに籍を置いていた。彼の机には分厚い法律関係の本が積まれ、〈とてもじゃないけれど読めやしない〉と恐怖交じりに見ていた。ボクは大学院でいずれやってくる勉強「地獄」をまだ理解できていなかった。

イェンはルソン地方の南東、ビコール地方出身だ。「うちの実家は有力な家柄だよ」と、普段から話していた。家の住人が共同で使える「ガゼボ」（テーブルとベンチを備えたあずまや）で、ボクたちはおかずとご飯を買ってきて食べることもあった。イェンは試験用の復習教材を一式揃えながらも、あまり勉強熱心とはいえなかった。すでに試験には二度落ち「今回もどうなるやら……」と、どこかのんびりかまえていた。

その頃、よく交流していた仲間は他にもいる。母屋で働くジェリメという当時一七歳だった少年だ。筋骨たくましい上半身を晒して、家の掃除や荷物運び、家主のおばあちゃんの世話など、与えられた仕事を毎日せっせとこなしていた。彼の英語は本当に片言で「ディス・イズ・ア・ペン」という感じだった。考えてみればボクのタガログ語も似たようなものだ。それで彼は英語、ボクはタガログ語をお互いに学んでいった。

事件の始まり

ある晩、見ず知らずの女性が、ゲートの外からガゼボで電話をかけているボクに何かを呼びかけてきた。まだタガログ語がよくわからないボクには、奇妙な呼びかけが何語なのかさえ判別がつかなかった。両耳には不釣り合いに大きなピアスを垂らし、五分刈りの短髪。古い怪我の後遺症なのか、彼女の片腕は不自然に折れ曲がっていて、異様さがにじみ出ていた。もしかすると意外に若いのかもしれない。でも彼女にはどこか「老婆」といった印象が漂っていた。

理解できない言葉を投げかけられ、電話中だったこともあり、ボクは家主のいる方角を指さした。焼き芋売りのような彼女の声にいつもなら誰か気づいてもいいはずなのに、その晩は誰も出てこなかった。ゲートには鍵はなく、単に栓を引っ掛けているだけなので、それをはずせば誰でも敷地内に入れる。そうして招き入れてしまったことで、ボクは彼女を「犯罪者」に仕立て上げてしまったのだ。

彼女は母屋を逸れて近くの部屋に向かった。方角を誤ったにしては躊躇がなかった。ボクの目は彼女を追い続けていた。彼女はボクの隣の部屋の戸を引いてスッと中へ消えていった。越してきたばかりの隣の住人が実は数日契約のトランシェントで、朝方すでに部屋を去ったとは知らなかった。部屋の鍵が掛かっていないのを不思議に思いつつも、部屋の電気が点かないのは、スイッチを探しているのだろうと思っていた。数十秒過ぎても出てくる気配はない。胸騒ぎを覚えたボクは、女性を驚かさないよう「ハロー?」と声をかけ、部屋に片足を突っ込んだ。ガランとした室内の隅に、外の街灯をほのかに受け、赤茶けた扇風機を手にした人影が浮かびあがった。「出たー!」と叫びそうになりながらあとずさる。彼女も扇風機を片手にぶら下げて、続いて部屋から出てくると、ボクに一瞥もくれずまっすぐゲートへ向かう。〈何か変だ〉と胸の動悸が途端に早くなる。〈どうしたらいいだろう。……そうだ、とにかくイェンに伝えなきゃ〉。

イェンの部屋に駆けていくと、彼も電話中だった。こちらの慌てた様子にすぐ出てきてくれた。ボクは一部始終を説明する前に、「部屋の扇風機ってこの家の?」と聞いた。「そうだろうね」と、イェン。すぐに母屋の網戸越しに、横になっている家主のおばあちゃんに話しかける。

「今、知らない女性が部屋から扇風機を持っていったんです。事前に聞いていましたか?」

「知らないよ、そんな話。扇風機は全部この家のものだ。それは泥棒じゃ!」

この瞬間にボクとイェンは扇風機を持ち去った女性を追って走りだした。

眠ったままの番犬のそばを通って、小川に沿った小道を進み、階段を上がると車道に出る。そこで道は二手に別れる。一方には大学内のホテルがあり、その先は薄暗く寂しい方面に続いている。もう一方には大学内を走る公共交通機関で小型の乗り合いバスといったジープニーが通っていて、人通りも多い。もうどちらにも「老婆」の姿はなかった。すると賑やかなほうから、近所の小売雑貨店サリサリストアに行っていたジェリメと、この時期住み込んでいたもう一人の少年が戻ってきた。

近々他家に移ることになっていたジェリメが同郷から少年を呼び寄せ、後釜として家の仕事を教えていた。ビサヤス地方パナイ島出身の二人は親戚同士だ。マニラや地方都市では親戚に働き先を斡旋することは多い。家主がいい評価を与えてくれれば、親戚筋や知り合いの家に紹介・雇用してもらえる場合もある。

その二人に向かってイェンが突然怒鳴った。

「お前らどこ行ってたんだ、泥棒が入ったんだぞ！」

少年たちはイェンの剣幕に驚いて固まった。もちろんボクも驚いた。とりあえず彼らにも手分けして探してもらおうと、横からざっと英語で特徴を伝える。それをイェンが素早くタガログ語に訳すと、彼らは今来た方角へ弾かれるように走っていった。ボクとイェンは必然的に反対の方へ向かう。しばらく進んでからボクはふと、「彼女の足でここまで来るのは無理だと思うよ」とイェンに告げた。それで車道まで引き返すと、知らない近所のおばさんと女の子ばかりの集団にぶつかった。

「何かあったの？」と走るボクたちを呼び止める。どうやらイェンとは知り合いのようだ。ふとボクは、映画『サウンド・オブ・ミュージック』の「トラップ一家」を思い出していた。ボクの話をタガログ語と英語がほどよく混ざったタグリッシュにしてイェンが手短に伝える。あれ、と思ったのは、彼の話では原因がボクではなく、家を留守にした少年二人になっていたのだ。

少年二人が戻ってきて、「扇風機らしいものを手にした人が遠くの方でジープニーに乗るのを見た」と報告した。行き先は「イコット」で、大学内をひと回りし、ゲートからいったん外へ出て、別のゲートから入りスタート地点に戻ってくる。四九三ヘクタール（東京ドーム約一〇五個分）の大学敷地内を探すのはもとよりむちゃなことで、まして大学の外へ出られたらお手上げだ。イエンと、まったく関係ないトラップ一家の母親にも叱られ、少年たちの表情は引きつっていた。ボクは何かフォローしなきゃと思いながら、ただ立ち尽くし、言うべき言葉すらわからず探しあぐねていた。

ビサヤ

それから二〇分ほど過ぎた頃、イエンを間に挟んで家主に事の経緯を説明していると、「トラップ一家」の子が駆けてきた。「すぐに来て！」とボクたちを呼ぶ。四人で一斉に子どもの後を追う。ボクは大の大人が全力疾走する姿に気恥ずかしさを覚えていた。

行く手にちょっとした人だかりができていた。そこは「扇風機を手にした人がジープニーに乗るのを見た」と、少年が言っていた辺りだ。トラップ一家、そしてどこの学部に所属しているのかセキュリティー（警備員）も数人いた。息を弾ませながら着くと、トラップ一家の母親に「このロラ（おばあさん）じゃない？」と聞かれる。

「そうです、間違いありません」

どうして扇風機を手にした彼女がまだここにいるのか状況がまったくつかめない。ジープニーで一周してきて、乗った場所で降りたのだろうか。警備員が矢継ぎ早に問いかけてくる。タガログ語なので、イェンに通訳を頼む。何度か説明を繰り返してイェンも経緯を飲み込んできた。途中からボクに確認せず直接応じ始めた。それでも文頭には頻繁に「彼が言うには○○だ」という語法を差し挟んでいた。さすが弁護士志望。彼にはできる限り主語が誰であるかをはっきりさせる習慣が備わっていた。

警備員たちの懐中電灯の光を受け、俯いて誰とも目を合わせない「老婆」の瞳が揺れて見えた。いや、震えているのかもしれない。精神疾患を患っていることは一目瞭然だった。警備員の問いかけに直ちに答えるでもなく、考えている様子もない。その場を取り仕切る高圧的な警備員の態度ばかりやけに目についた。

大学内に署を構える警察車両が到着し、警官四人が降りてきた。周りには学生や家族連れが立ち止まり、野次馬の人垣が出来上がっていく。懐中電灯に照らされた「老婆」は、その真ん中で所持品検査を受けていた。手持ちの大小三つの古びたバッグが、私物なのかと疑われていた。

警察の指示で、彼女が自ら手提げバッグをひっくり返すと、一ペソコインが一〇枚ほど路上に転がった。その光景にボクは息苦しさを覚えた。集団で「弱い人間」を取り囲み、興味本位で「みすぼらしい」持ち物をひっくり返す。それによって何かを満たしているかのようだった。

一人ずつ名前を聞かれる。ボクの「カオル」の発音はいつも正確に伝わらない。「ここに書け」

とノートを渡されたので、住所や家主の名前をイェンに聞きながら埋める。そこにいる警察官は誰も英語を話さない、もしくは使い慣れていないので、イェンに通訳してもらった。

警官は座り込んでいた「老婆」を一喝して立たせると、矢継ぎ早に質問を繰り出した。二言三言呟いた彼女の言葉を捉えて、周囲に向けて「ビサヤだ」と言い放ち、せせら笑った。

ルソン島の南、フィリピン中部地域にはいくつもの島が広がる。ビサヤとは狭義は「セブ語を話す人々」で、セブ語は主にセブ島、ボホール島、ネグロス島の東州、シキホール島、レイテ島、マスバテ島、そしてフィリピン南部ミンダナオ島の北部や東部あたりまで広く分布している。広義にはワライ語を話すサマレーニョやキナライア、それにパナイ島とネグロス島の西州のヒリガイノン語なども含む。そうした言語やその言語を話す人々をまとめて「ビサヤ」と呼んでいる。セブ語を話す人びとは国語であるフィリピノ語（タガログ語）に次いで多く、フィリピン中南部一帯で大文化圏を形成している。にもかかわらず、ビサヤ話者たちの職種や置かれた文脈、社会的立場などによって、差別的な意味合いがあるのだと、この時知った。

「ビサヤ」と言い放った警官は仲間を振り返って嘲笑を浮かべると、別の警官が首を横に振ってへらへら応じた。手伝いの少年二人も「ビサヤ」だ。ボクはちらっと彼らをうかがう。誰とも目を合わせずどこかを見つめている。思い過ごしかもしれないけれど、無表情の中にやり場のない気持ちがあるように思った。

最後に、警察からこの件を立件するかどうか聞かれた。立件する場合、「カオルが調書作成を引き受けることになるが」とイェンが聞いてくる。「立件って、この女性は病人でしょ？」とイェンの耳元で確認する。「そうだ」と同意しながら「これは形式だけだ」と言う。どういうことかよくわからない。ただ、今の状態から早く逃れたかった。聴衆の面前で、数百円の扇風機を持ち出して晒しものにされ、所在なく俯き黙っている「老婆」を見て、〈もう充分じゃないか、これ以上やめようよ〉と言いたかった。

「家主と相談させてほしい」と言ったのは、その安物の扇風機がボクの持ち物ではなかったからだ。少年二人が代わりに家主に聞きに走ってくれた。

行き違いが生んだ「犯罪」

その間、「この男に見覚えあるか？」とボクを指さして再び「老婆」への尋問が始まった。初めてボクの方を向いた彼女は、『風の谷のナウシカ』の大婆様のように大きく目を見開いて、「おお、見た」と答えた。ボクは軽く会釈し「あ、こんばんは」と挨拶した。彼女が覚えていたことにホッとすると同時に親近感が芽生えた。なにより〈ほら、ボクはウソは言っていない〉と周りに誇示したい気持ちもあった。

たった一人の証人とは心細いものだ。ボクはこの女性のことを何も知らない。にもかかわらずその人生をいくらか左右できてしまう状況にいた。続いて彼女は「持って行っていいと言われた」と言い始めた。ボクは慌てて「違います！　そんなこと言ってません」と否定した。しかし、思い返せば徐々に辻褄が合いつつあるのを感じる。単に「物乞い行為」だったものが、コミュニケーションの行き違いで「窃盗」になってしまったのかもしれない。今度は自らを弁護しなければならなくなった。

「ボクは電話をかけていたし、彼女の言葉も理解できなかったんです。家の方を指さしたのは本当です。彼女はそれでボクが家に招いたように言ってるようだけど、違います。ボクは彼女が入った空き部屋じゃなくて、家主の部屋を指さしたんです」

　真相を知っているのはボクと彼女以外にいない。彼女が初めからモノを持ち出すつもりでいたかはわからない。明らかなことは、起こるべくして起きたのではなく、単純なミスコミュニケーションが、こんな微々たる「犯罪」を作り出してしまったというのが真相のようだった。

「被害を取り下げる」と少年を介して家主が伝えた返事にボクはホッとした。女性の簡単な身元の聞き取りを終えた警官がみなに帰るよう促す。大学内を伸びる暗い方面へと歩いていく彼女を警備員が呼び止め、「近くのゲートから外に出ろ」と言った。彼女はいったいどこから来たのだろう。ボクたち四人は警官たちに丁寧に挨拶し、取り戻した赤茶けた扇風機を手に家路についた。たった数分の道のりだ。イェンの口調は弱まったけれど、まだ少年二人にこんこんと説教していた。

「これはお前らに責任があるんだぞ」

　その後、イェンから「少し飲まないか」と誘われ、彼がいったん部屋に戻っている間、ガゼボのベンチに腰掛けていた。すっきりしない気分を抱えたままぼんやりしていると、意気消沈したジェリメがボクのもとにやってきて、ひと言「サラマット（ありがとう）」と呟いた。一瞬何のことかわからなかった。ただ、彼がボクのことを恨んでいない、ということはわかった。自責の念にとらわれていた気持ちが少しばかり和らいで、ホッと息をつくことができた。想像以上に緊張していたようで、顔が強張ってしまっていた。ジェリメにとってボクが「犯人」の特徴を覚えていたこと、トラップ一家の協力も得て扇風機を無事取り戻せたことで、彼なりに家主への面目を保つことができたのかもしれなかった。

この夜、一時間ちょっとの間に数々の疑惑や思惑が生まれては消えた。それはドラマのように感じられた。それが去った今、いつもの日常に戻りつつあった。ジェリメからの「感謝の言葉」でボクは笑顔を取り戻し、互いの肩をポンと叩き合った。

それからまもなくしてボクは家を移った。一年ほど経って訪ねてみると、家主のおばあさんは亡くなり、息子が中東から戻っていた。以来この家を訪ねてはいない。

フィリピン学を志した初めの頃に経験したこの一件は、ボクがここフィリピンで学ぼうとするものが想像以上に大きくて深いものであること、それと向き合うには当時のボクはあまりに未熟であったことをはっきり教えてくれた。それから何年も経て、ボクはいったいどこまで理解できているだろうか。

大都市の居場所

マニラという都会の中で

メトロ・マニラ（首都圏）で物乞いをしていた日本人男性が、都市を東西に割って走るパシッグ川沿い地区の役所、バランガイオフィスに保護された。それほど高齢ではないのに白髪が目立ち、くたびれて憔悴しきった様子の顔写真がフェイスブック上に晒されていた。本人には写真を載せる説明などなかっただろう。撮影を不快に感じている様子が表情に表れていた。彼が保護された状況の簡単な説明や、聞き出した日本の住所、親の名前といった個人情報がタガログ語の文面に添えられ、「どんどんシェアしてほしい」との要望が付いていた。発信者はバランガイのスタッフで、最終的に日本にいるであろう家族が投稿を目にして、連絡を寄こしてくれると信じているようだ。

フィリピンではいたって当たり前の効率重視の方法で、親切心からきている。ただプライバシーは二の次になる。コメント欄を見ると、スタッフの友人が日本と関わりを持つ友人にシェアし拡散させていた。日本にいる出稼ぎのフィリピン人たちからは心配と同情のコメントが多数寄せられ、なかには「わたしが家族に連絡を取ってあげる」という人もいた。

二〇一六年七月にロドリゴ・ドゥテルテが大統領に就任する以前は、人びとは役所など公の機関をまったく頼りにしていなかった。早急に物事を解決するには、個人のツテが何より手っ取り早い、という感覚はこの一件に見て取れる。

ボクがその情報に接したのは、首都圏マカティ市にあるスパ（マッサージ屋）だった。普段、客として接する「金持ち」日本人がホームレスになった話は、そこでセラピストとして働く女性たちを驚かせ、同情とともに迎えられた。マニラに来て間もなかったボクは、当時そこに足繁く通っていた。以前滞在していた時に親しくなったセラピストがいたのだ。名前はアシュレイ。彼女や同僚セラピストが、来店していたボクに偶然、その情報をシェアしてくれた。

フィリピン有数のアヤラ財閥が中心になって開発を進

首都圏を南北に割って流れるパシッグ川

めてきたマカティ市は、高層ビルや高級モールが立ち並ぶ。中心の経済区には、日本を含む多国籍企業が軒を並べる。マカティ市長を長年務めたビナイ前副大統領は、二〇一六年の大統領選挙でドゥテルテに惨敗した。市長職は息子が継ぎ、その後、娘へと受け継がれた。フィリピンではありふれたポリティカル・ダイナスティー（政治家一族）の一例だ。

都市の一角に埋もれかけたその店は、通常マッサージに加え、いわゆる裏メニューの「エクストラ（特別）サービス」を提供する。客は日本人や韓国人、アメリカ人など外国人の常連が大半で、ほぼ男性だ。

当時、大学院から入学延期を言い渡され、英語学校で「留学生」をしていたボクには、友人と呼べる人がいなかった。タガログ語はもとより英語すら自信がないなかで、週末だけが唯一の楽しみだった。

ケソン市からマカティ市まで片道一時間半近くかかる。行きつけの日本定食屋で昼食を摂り、店に置かれた「日刊まにら新聞」にひと通り目を通してから、友人のセラピストに会いにいった。それで異国に一人でいる寂しさを幾分紛らわし、別に理由を加えれば、タガログ語と英語の実践練習場にもなっていた。住んでいた部屋にインターネットはなく、新聞を買って読む以外に情報が得られず、ちょっとしたチスミス（噂話）であれ、生の情報に触れられる場が欲しかった。

セラピストたちの素顔

「マッサージ屋通い」と言うと、聞こえが悪いかもしれない。訪れていたのは彼女たちが仕事にたずさわる間、月の大半を過ごす仮の家だ。店内の受付ロビーには、中央がやけに沈む半壊したソファーがあった。店ではお気に入りの女性の名前を知っていれば指名は自由だ。ただ、通常は「ローテーション（順番）」が主なので、セラピストの顔見せはない。ロビーは誰もが「暇つぶし」する空間になっていた。

セラピストたちは、過剰なほどのフィリピン流美白を実践していた。極端に陽射しを遮り、明かりを落とした店内では容姿の判別がつきにくい。いつもクーラーが寒すぎるほど利いていた。

ボクはカーテンの端をめくって明かりを取り入れ、部屋から入れ代わり出てくるセラピストたちと話をした。誰もが外国人との会話に動じることなく気さくで、外国語への欲求を持っていた。客とのやり取りで磨いた英語はもちろん、多少の韓国語や日本語も知っている。客との関係がスムーズにいくよう、聞かれるたびに日本語を教えていた。もっとも卑猥な言い回しはすでに熟知していた。

彼女たちの多くは仕事内容を家族や友人には黙っていた。マッサージ屋の受付スタッフと伝えている者もいて、店には自称「受付嬢」が何人かいた。家族が職場に立ち寄る場合は、やむを得ず受付で応対していた。

本当の受付スタッフは、飛行機の客室乗務員だと言っても通じそうなメリーだ。ロビーにいる彼女とは話す機会が多く、プライベートな恋愛話まで聞かせてくれた。シンガポールで大学院に通う韓国系フィリピン人の恋人と熱愛する一方で、日本語がペラペラな小太りのフィリピン人から熱烈なラブコールを受けていた。たまにその男性と遭遇すると、「あ、こんにちは、最近どうですか？」と日本人っぽい挨拶を交わした。メリーは「彼は私のタイプじゃないのよ」と言いつつ、顔を寄せ合う親密な写真を秘密のフェイスブックページでシェアし、まんざらでもなく見えた。

「デートするけど、食事を奢ってもらうぐらいで、私たちはクリーンな関係なの」

そんな彼女も恋人には職場を偽っていた。「内緒だけど、かつてここで臨時のセラピストを務めたこともあったわ」

当時二四歳だったメリーは、大学進学に意欲を燃やし、念願だった観光学科に入学した。その頃は一六歳でも大学一年生になれたので「同級生が若すぎて、かえって先生のほうが気が合うわ」と同級生との距離を語っていた。それでも華やかな衣装でフラメンコを学ぶ映像などを見て、学生生活を謳歌しているのが伝わってきた。彼女は学生をしながら、週末だけスパで働いていた。

セラピストたちの多くはすでに母親だ。月の大半家を空ける間、家族や近所の親戚が子どもの面倒をみる。稼ぎ頭を支えるため、家族内で役割分担をこなすのだ。母子家庭も多く、小さな子どもを連れて総勢一二〜三人いる大部屋で生活するセラピストもいた。自らの子を思うのだろう、誰もが子どもには母親の顔で接していた。

受け入れられたい

店に毎週通ううち、大都市マニラの中で点として始まったボクの生活に少しずつ立体感ができてきた、と同時に小さな自信も不思議と芽生えてきた。

店の警備や飲料水タンクの補充といった雑用を担当していた青年は、ビサヤス地方出身だった。彼とボクは国籍が違っても、言語圏を異にする「外部」の人間という点で共通していた。マニラのとめどない人口増加には、彼のような地方からの出稼ぎ移住者の存在が大きい。彼とウマが合い、時に路上で買った一品料理を一緒に頬張ることもあった。

彼はめったに姿を見せない中華系のオーナーを除き、店で唯一の男性だった。彼一人でセラピストの必要とする所用をこなし、ジェンダー上彼女たちを「守って」いた。もちろん彼女たちは守られるほどやわではない。その多くが生活の安定を保証してくれなかった男たちに愛想を尽かし、この仕事で家族を養い、仕事の合間に楽しみを作り上げるしたたかさを持ち合わせている。

同僚の誕生日には決まって全員でお金を出し合い、特大ピザを注文した。次のローテーションまで時間があると、近場のモールで食料品を買い、ウインドウショッピングを楽しみ、気分を切り替えていた。ボクも時々彼女たちの買い物に付き添った。

ある時、クーラーが故障し、水浸しになった。余計な仕事が増えてしんどそうな青年に代わって、床をモップで掃きながらボクは嬉しかった。いつも、できることを探していたのだ。「何か役に立ちたい」という願望がどこかにあった。

オロオロとした慣れない日本人客が来て、メリーの英語も通じず二人とも困っていた。そんな時は日本語でアシストした。最初はギョッとされ、「本当に日本人ですか？」と不審な様子。店のシステムを教え、セラピストとの間を取りもつと、最終的に満足して帰っていった。

一九九二年にフィリピン上院は米軍基地の完全撤退の決定を下し、フィリピンから事実上米軍は姿を消した。それが九八年に訪問部隊地位協定を締結したため、再び米軍が戻ってきた。店には軍関係の客も見られ、ボクがいた時にも、屈強そうな兵士たちが休日を利用して来ていた。「本番行為はできない」とメリーは入店時に念を押していたのに、個室で強引に迫ったことから店内はちょっとした騒ぎになった。女性たちに「ファック・ユー」と暴言を吐く米兵たちには引き取ってもらい、ボクは傷ついたセラピストを慰める役に回った。

この空間は、最初のうちはボクにとって寂しさからの「避難所」だった。しだいに疑似的であっても、価値観を共有できるようになっていた。マニラという大都会の中で、「金持ち日本人」として期待された役割から逸れてしまったボクを、ありのまま受け入れ、居場所を提供してくれたのが彼女たちだった。

アシュレイへの想い

セラピストの一人アシュレイとは以前マニラに来た時からの知り合いだ。数年間連絡が途絶えた後で再び会えたことから、ボクは次第に恋心にも似た感情を抱くようになり、往復数時間かけて週一で通う原動力はここにもあった。

「私はヒリガイノン語が話せないけど、母親はバコロド市出身なの」

ゆったりとしたヒリガイノン語が持つマランビン（「優しさ」。英語で言う「スウィート」）さが、彼女のタガログ語には現れていて耳に心地よい。彼女は店では珍しい小麦色の肌で、地がそうだからか、陽射しを気にする様子はなかった。

留学生の身分で懐具合が貧しいボクを、アシュレイは理解したうえでつき合ってくれた。入店時に六八〇ペソを支払い、これに一〇〇〇ペソ以上のチップを加えたマッサージを一回受けるより、近場で夕食を共にするほうが遥かに安上がりで、二人きりの話もできた。こうしてフィリピンのストリートフードは彼女に教えてもらった。胸の内を一度も言葉にしなくとも、互いの気持ちが近づいていることは感じていた。

アシュレイには子どもが二人いた。長女は小学五年生で、出産は一〇代と早かった。「子どもたちとの大切な時間が仕事で台無しになるのは困る」と、月一で帰る時には客の電話番号を登録した携帯を店に置いて帰宅した。だから彼女がマカティを離れてしまうと、連絡が取れなくなった。

アシュレイと夫はすでに別れていたが、「子どもを渡したくない」という夫とその母親からの要求を呑み、夫一家と首都圏カロオカン市のコンパウンド内で形だけ同居し、経済的にも彼らの面倒を見ていた。夫の元を離れるという選択肢は、同時に子どもへのアクセス権を失うことを意味したからだ。「別れてもなお嫉妬深い夫に本当の仕事の場所や内容は教えられないわ」とため息交じりに話してくれた。

「こんな状況で新しい恋人を持つなんて無理」。それはボクに向けて暗に〈私の複雑な事情に立ち入らないほうがいい〉と警告しているように聞こえた。

他のセラピストはボクたちの「関係」を尊重してくれて、ボクが行くと真っ先にアシュレイを呼んでくれた。彼女への気持ちが強まれば強まるほど、関係はストイックになり、他のセラピストも友人として自然に接してくれるようになった。

英語学校を二カ月で切り上げたボクは、大学院への入学前の残り二カ月を、インドネシアのジャワ島旅行に使った。出発間際、ひと目アシュレイに会いたくて、バックパックを背負って店に向かった。その日カーテンで仕切られた個室でアシュレイといつになく真剣な対面をした。最も伝えたかった言葉はとうとうそこでも出せなかった。その代わり、ポロポロと涙がこぼれ落ちた。突然涙を流し始めたボクにアシュレイはさぞかし困惑したに違いない。それでも、「いい大人が泣いちゃだめよ」と涙を手で拭ってくれた。その手が温かかった。

その時の涙には、きっとさまざまな思いが詰まっていた。純粋に彼女への気持ちだけではない。それまでの時期を乗り越え、ついに大学院に入れる喜び、長期の旅行への緊張や不安があったのかもしれない。とにかく当時抱えていたあらゆる思いが混在していたのだろう。

それが一つの節目となった。

旅から戻ると、足を膿んで入院した。大学が始まると、授業の忙しさで店に通うことはできなくなった。月に一度行けても、以前のように何時間も過ごすことは適わず、新たな現実に引っ張られるようにして足早に去るしかなかった。今となってはそれで良かったのだ、と思える。ボクはその「小さな居場所」を無事に卒業したのだ。

それから数年経った。今でもアシュレイとは年に数回、連絡を取り合う。最近のメールでは「英語を勉強し直しているよ」と近況を語ってくれた。もともと独学で英語がうまかった彼女は「そろそろこの仕事ともお別れして、コールセンターで働けたらいいな」と新たな人生を描き始めている。

バランガイ・ダゴホイ

ベッドスペースだけの新生活

大学院入学の少し前、大学内にあるバランガイ・ダゴホイに移った。この名はスペイン占領下の一八世紀中頃、ボホール島を舞台に八〇年以上にわたる長期の武装蜂起を指揮していたビサヤス地方の英雄、フランシスコ・ダゴホイに因んでいる。

下宿先はバランガイ内で一番大きなサリサリストアを営むアテ（お姉さん）に紹介してもらった。働き者の彼女は、手作り料理が並ぶカレンデリア（簡易食堂）まで営んでいるので、イェンとよく食べに行っていた。それから一年余りを、文字通りベッドと机一個だけの部屋で過ごすことになる。同居人は同じ大学の学生たちで、日本語や韓国語が堪能な人や口唇裂のために発音に特徴を抱えていた人、身内がゲリラ組織に関係している人のほか、時々トランシェントも入った。

家主のピニンおばさんはマニラの少し北、パンパンガ州出身だ。そこはタガログ語に加え、カパンパガン語圏になる。彼女はとても親身に接してくれ、タガログ語がよくわからないうちは、ゆっくりと英語で話しかけてくれた。いろいろな相談にも乗ってくれ、家主というより母親のような存在だった。ボクは小学生の孫娘ブレアや近所の子どもたちと一緒に路上で遊び、アフリカ太鼓のジャンベを介して交流するなかで、徐々にタガログ語を覚えていった。ピニンおばさんは日頃ブレアに「ベッドスペースは立入禁止」と教えていた。ところがブレアは学校から帰ると毎日部屋に遊びに来た。「ブレアやブレア、どこにいるの?」と窓越しに声がかかると、はにかみながら飛び出して行った。

ブレアは「お父さんに会ったことがない」と話してくれた。家には祖母のピニンおばさんと祖父、そして母親の四人だけだが、すぐ隣に親戚が住んでいた。母親は彼女を私立小学校に通わせるため、ビジネス地区にあるコールセンターで働いていた。まだ二四歳と若かった母親は、仕事が終わると同僚の恋人と時間を過ごすので帰りが遅く、住み始めた頃は見たことがなかった。だからピニンおばさんがブレアの母親かと思い込んでいた。

いつも家の前で遊んでいる子どもたち。自転車に乗るのがブレア

部屋の洗面の真下にはカナル（下水）が流れていた。排水は垂れ流しでゴキブリの発生源になっていた。毎晩ピニンおばさんが外のちり取りに野良猫用の残飯を置いて「ミンミーン（猫への呼びかけ）」と声をかけると、我先にとゴキブリが群がってきた。部屋の電気を消すと、流しを伝ってきたゴキブリが部屋の中を徘徊した。

部屋には流しはあるものの、調理台などがついていないため、日々の食事には苦労した。時々母屋の台所で即席ラーメンのラッキーミーや焼きそばのパンシットカントンを作らせてもらう以外、大半は外食に頼るしかなかった。ダゴホイ地区内のカレンデリアに飽きると、大学構内の学生食堂へ食べに行った。一日三回も食べに出かけるのは大変なので二食が習慣化し、昼食を摂るとその場で夕食も買って帰った。

大学病院に入院する

引っ越して間もなく、右足のふくらはぎを蚊に刺され、掻いた痕が化膿し、膿が溜まってパンパンに膨らんだ。歩く度に痛みが走る足を引きずってアシュレイを訪ねると、「これはピグサよ。よくある病気で私も何度も罹ったわ」と言う。「ピグサ」は細菌感染症の一種で、日本で言うところの「おでき」に当たるようだ。といっても通常連想するおできではなく、日本では珍しいものかもしれない。

「空のコカコーラ瓶の口を膿んだ患部に当てて、瓶の底を叩いて思いきり押しつけるの。そうすると潰れて膿が飛び出すわ」とかなり乱暴な処置を勧められる。民間の治療法らしく、同様の対処法は他からも耳にした。でも実際に実行する勇気は出なかった。

日が経つにつれて腫れは目に見えて悪化した。膿が周辺へと広がり、膝下がずんぐりとむくんだ。弱り果ててピニンおばさんに見せにいくと「どうして早く言いに来なかったの。今すぐ病院へ行きなさい！」と叱られた。その日のうちに大学内にある病院の急患のドアを押したところ、「入院しましょう」と言われ、着替えや金銭的な準備もなく困ってしまった。

寝かされた急患エリアの隣のベッドには「うーん、うーん」と苦しそうに唸る老人がいて、家族が付き添っている。ボクは処置もしてもらえないまま、クーラーの心地良さにウトウトしていた。するとと看護師に起こされた。

「あなた一人？　付き添いはどこ？」

「一人です。付き添ってくれる人はいません」

「誰もいないのは困るわ。あなたの点滴を買いに行く人が必要なのよ」

〈点滴薬を買いに行くって……ストックがないのか？〉、と訝しく思った。確かにフィリピンで入院する際には、家族などが付き添っているケースが多く、病室に泊まりさえする。

「付き添いがいないのなら自分で買ってきてもらうことになるわね」

ボクは自分の耳を疑った。先ほど医者から「足を使っちゃだめだ。そのためにも入院しなさい」

と言われたばかりなのだ。それが「点滴を買いに大学の外の薬局まで行ってほしい」なんて、いったいどういうことなのだろう。とにかく他の選択肢は用意されてないらしい。片足を引きずりながらジープニーを呼び止め、車を降りて大通りを隔てた向かいの薬局屋まで、手すりに摑まりながら歩道橋を昇り降りする。ちょっと足を地面につけるだけでも痛むので、やたら時間がかかる。

金額もわからずに看護師から預かった紙を店員に渡す。点滴二本でもべらぼうな値段なので手持ちがない。近辺でATMを探しがてら携帯代金のプリペイドや水のボトルを調達する。水も点滴も重く、それらを抱えて急患エリアに戻った時には一時間以上が経っていた。

ぶっきらぼうな看護師に点滴を渡し、ベッドに倒れこむようにして横になる。足の痛みは確実に増していた。その晩の食事は出るものと思っていたので、食べ物は買ってこなかった。お腹を空かせていると、優しい看護師が見かねて夜食用のパンを分けてくれた。点滴に繋がれた状態でもうろうとしていると、「病室が空いたから移動しよう」と車椅子が待機していた。

病室にはベッドと扇風機、トイレがあるだけで、破けた網戸から蚊が容赦なく入ってくる。扇風機を「強」にして撃退した。

個室は一日三度の食事が付いていた。美味しいとは言えないけれど、食事が確保できたことは嬉しかった。減りが早い点滴を眺めながら、再び買いに行かされるのではと内心怯えていた。

翌日の昼過ぎ、驚いたことに、ピニンおばさんが見舞いに来てくれた。彼女の携帯番号を知らなかったので、連絡を取ろうにも取れなかったのだ。昨日部屋に戻らなかったのを心配して病院に探しに来てくれたのだ。
敬虔なカソリック教徒の彼女が毎日曜日に通う、フィリピンで最初に作られた円形教会が病室の窓から望めた。「何か必要なものはない？」とピニンおばさん。「実は着替えの持ち合わせが何もなくて……」と遠慮気味に答えると、一時間後には着替え数着と、バナナやオレンジ、リンゴといった果物の差し入れまでしてくれた。一人病院で心細かったボクは、彼女の厚意に思わず胸が熱くなった。

「何かあったら遠慮しないで連絡しなさい」

ピニンおばさんは六日間の入院中、三度も見舞いに来てくれた。偶然にもボクの部屋の担当看護師と知り合いで、病室で賑やかに世間話をしていた。ピニンおばさんの来訪後、看護師たちが急に気を使いだし、点滴や薬が切れると「代わりに私が買ってきてあげる」と申し出てくれた。ボクが前もって多めに渡したお金から、交通費など諸費用はちゃんと引かれていた。

最終的に「ピグサの目」と呼ばれる、腐った患部を切除した。部分麻酔をかけて感覚のなくなった親指の第一関節ほどの大きさの患部をメスで切り取った。看護師は一人も立ち会わず、医師と一対一だった。手術自体は一〇分足らずで痛みもない。でも数時間ごとにぽっかり空いた穴状の傷口に綿棒を突っ込んで薬をグリグリ塗りつける時の痛みにはのけぞった。ピグサという病気は、フィリピンでは誰もが生涯に数回罹るものだ。ボクもその後二回罹ったが、初回が最も酷かった。二度目は薬で完治、三度目は放置していたら自然と膿が流れて治っていた。

気を使う洗濯

ダゴホイに越したその日、角の家のいつも片方の肩に白い手拭いを引っ掛けているおばちゃんから声をかけられた。

「ねえあんた、洗濯物ない？　あれば洗うよ」

「自分で洗えるので大丈夫です」

それまで自分で洗っていたのでそのつもりでいた。でも水を多く使うからか、部屋での洗濯は「原則禁止」と張り紙がされていた。それに家には干す場所がない。ベッドスペースの入口とピニンおばさんのいる母屋との間に車一台入れる車庫があり、その上に通された紐には大家一家の洗濯物が干してあった。ところが車と母屋の間には、鎖に繋がれた凶暴そうな犬がいるので、利用は憚られた。一度酔っぱらいなのか、見知らぬ男がフラフラとそこに迷い込み、犬に嚙まれていた。ほかの下宿人たちは、おばちゃんのような洗濯を生業にするラバンデーラや、バランガイ内の洗濯屋に持ち込んだり、父親が週末に車で迎えに来た時、実家に持ち帰ったりしていた。

一度は断ったボクも、角のおばちゃんの「一回五〇ペソ（約一一〇円）でいくらでも洗ってあげる」という口車に乗せられ、次の日に頼んでしまった。ちょっと高いけれど、一週間に一度持ち込めば月二〇〇ペソで済む計算だった。ただ、頼んだ後で問題に気がついた。スーツケース一つで来たボクには服の持ち合わせが数着分だけなので、一週間分もない。それで五〇ペソは割に合わない。二度頼んでみて不便極まりないこともわかった。翌日取りに行くと「まだ乾いてない」、時間を置いて戻ると「おばちゃんがいない」と言われ、持ち帰れなくて困った。試しにシャワーついでに自分で洗い、共用の鉄製フレームの服掛けにハンガーで吊るして乾かしてみた。扇風機を「強」にして風を送れば、暑く乾燥した室内で二時間もたたずに乾いてしまう。一日にTシャツと半ズボン、パンツの三着だけなら問題なさそうだった。道でおばちゃんと顔を合わせると決まって「いつ持ってくるの？　洗ってあげるよ」と催促を受け、気まずかったが、それを機に頼むのをやめた。

シャワーを浴びるついでに身体を洗う石鹸で、一着一〇秒足らずで洗えた。ピニンおばさんや下宿の仲間は見て見ぬフリをしてくれた。共同生活をするには建前上、ルールが必要だ。しかし、抜け道は必ず用意されている。ボクも配慮を忘れずにささやかに事を済ませた。

その後、角のおばちゃんは洗濯業ではやっていけないと悟ったのか、大量の海賊版DVDを荷車に積んで息子に行商させ始めた。当然ボクにも「新しい映画あるよ。買わない？」と声がかかった。ところがラップトップのDVD再生機能が故障していて、買いたくても買ってあげられなかった。今思い返すと、マニラに来て二年ほどは、映画どころかテレビもない生活だった。ピニンおばさんと交渉して、月々三〇〇ペソを部屋代に上乗せして、Wi-Fiを入れてもらうことになった。それまでインターネットにはいつも不自由していた。

誘惑の多い大学構内

それまでは歩いて五分の大学構内ホテルのロビーで、時々Ｗｉ－Ｆｉに繋いでいた。ある日のこと、ロビーでインターネットを楽しんでいると、突然知らない人から声をかけられた。

「君はフィリピン人かい？」。顔を上げると、知的な笑みを浮かべた中華系フィリピン人の男性が立っていた。ボクのすぐ隣に腰を下ろした彼は自己紹介し始めた。

「マニラの南にあるバタンガス州の大学で法律を教えているんだ。今日は学会でここに泊まっていてね。君は？」

「ボクは日本からの留学生です。まだ入学したばかりなんです……」

そんな紹介が一段落つくと、「お腹空かないかい？　私はまだ夕食を摂ってなくてね。せっかくだから一緒に話しながらどうだい？」と誘ってきた。ボクも夕食を探しにいく手間が省けてちょうどいい。ホテル内の食堂といっても大したホテルではないので何度か食べていた。スープとライスのセットを頼む。彼がビールを二本注文したのでいただいた。食事の後、いざ支払いの段になると、

「これも何かの縁だから」と彼はボクの分も払ってくれた。フィリピン人から奢られるのは初めてなので恐縮してしまい、「もう少し話そう。部屋に来ないかい？」という誘いを断りきれなかった。

「じゃあ少しだけ……」、と彼に従ってロビーの階段を昇った。

入学試験や家探しの折に泊まっていたので、ここの殺風景な部屋が懐かしい。彼は部屋に入ったボクに椅子を差し出すと「ホットティーでも？」と勧める。「ええ、それじゃあ」と返事しながら、どこか不安な気持ちに襲われていた。

しばらくすると、唐突に「恋人は？」と尋ねられた。〈ああ、やっぱり〉と思う。「マニラには知り合いがいなくて寂しい。今夜はここに泊まっていかないか？」とボクを引き留めようとする。「家で恋人が待っているので、ごめんなさい」と、とっさに嘘をついて席を立とうとするも、「さっきの食事代なんて安いもんさ。お金を払うよ」と食い下がる。思い切って「本当にごめんなさい、もう帰らなくちゃ」と、背後からの呼びかけにも振り返らず部屋を出た。足早に階下へ降りると、顔見知りの警備員に挨拶するのも忘れてホテルを後にした。彼は決して悪い人ではない。あんな別れ方をしてしまい、彼を傷つけなかっただろうか。どこか申し訳ない気持ちが残った。

こうしたことは実は大学構内ではたびたび起こる。とくに広大な敷地の緑深い夜の大学キャンパスはそうした「誘惑」に満ちている。坂の下にあるダゴホイ地区から暗い大学構内へと携帯の電波を探しながら上っていくと、若い青年がジーッと視線を送ってくることに気がついた。彼はこちらが電話を終えるのを待ち構えていた。いざ電話を切るとにじり寄ってきて、「出口がわからないから教えてほしい」と不自然な問いかけをしてくる。大きい大学だから迷子はあり得るものの、どこへ行こうとしているのかさっぱり要領を得ない。口頭で近いゲートの場所を教えても「一緒に来てほしい」とせがむ。女性ならゲートまで送り届けるけれど、「もう遅いので」と断る。ボクの中では「危険信号」が灯りっぱなしだった。

また、深夜大学構内を歩いていると、後方から黒い車がやってきてすぐ脇に寄せた。窓が開くので、こちらがギョッとして立ち止まると、恰幅の良い中年男性が「君、乗らないか?」と言う。「どうして?」と問い返すと、ニタッと意味ありげな笑みを浮かべて行ってしまった。通りや道端で涼みながら話をする人々の目が行き届いたバランガイから一歩出ると、途端に人が疎らになり、こうした危険に遭遇する率は高まる。

かつてノンフィクション作家の野村進氏が書いていたように、スラムに代表されるようなバランガイが内包するコミュニティー社会は、自然に「防犯」の役割を担ってきた。それはバランガイオフィスによる定期的なパトロールといった組織的、また自発的な役割意識によるものとは異なる。どんな理由であれ道に人がいること。つまりそこに住人同士のコミュニケーションや人と人のネットワークが丸々生きていることが、犯罪抑止効果として強く機能しているのだ。もちろん路上での喧嘩などは、人が多くいて人間関係が濃い場所であれば、どこでだって起こり得る。バランガイがいまだに保っている「安全」は、バランガイの核たる機能が機能しなくなって初めてわかる類のものだ。日々そこで起きている諸問題と同列に語ることで薄められてはならない性質のもの、とボクは思う。これは、大学外のバランガイ・クルス・ナ・リガスへと移った後、実感としてさらに強く感じたことだった。

ピリータの引っ越し

始まりは軽い人助け

ダゴホイに住んでいた時、タガログ語の初歩を教えてもらうため、入学前に通った英語学校に再び通った。大学院での授業の難しさや課題図書の量にヒーヒー言っていた時期だ。そんななかでも家族とのいざこざで家出した女の子の部屋探しを手伝う余裕はあった。家出人の名前はピリータ。英語学校が入る建物の入口近くにある薬局でスタッフをしていた。

ピリータは細身で、髪をバレリーナのように結っていた。帰りがけに店のカウンターにいた彼女と、ひょんなことから話し始めて電話番号を交換した。正直に言うと、彼女に少し惹かれていた。それでも何気ないメッセージのやり取りに終始する日々が続いた。

そんなある日、切羽詰まったメッセージを受け取った。

「一緒に住んでいる姉と喧嘩して家を飛び出したの。新しい家を探したいのだけれど、今から一緒に探してくれない？」

「えっ、今から？」

「そう、お願い！」

昼食を買いに出ようとしていたボクは、メールに戸惑った。それでも「困っているのなら……」と、家探しの手伝いを引き受けた。それからの数日間、とことん振り回されるとは知るよしもなかった。

その日の午後、彼女は必要最低限の着替えなどを詰めたバッグを持って、ダゴホイにやってきた。どうやら本当に家出したらしい。荷物をボクの部屋に置いて、バランガイ内の目ぼしい貸し部屋や家を見て回った。それを見かけたバランガイの友人たちの間に、「カオルが女の子を連れていた」との噂が広がっていく。家主のピニンおばさんも夜、顔を合わせると「女友達が来てたんだって？彼女？」と聞いてくる始末だった。

その日は何人か知り合いのツテも駆使して、ウパハン（貸し部屋）を紹介してもらった。ところが、ピリータの望みに合う家賃と環境を併せ持つ部屋は見つからなかった。無理強いはできないので、「気に入らなければ仕方ないね」と諦めた。初日はとっぷりと日が暮れ、彼女と大学内で夕食を摂った。金の持ち合わせがあまりないと言うので、自然とボクがおごることになる。食べながら心配になって尋ねた。

「……それで、今夜はどこに泊まるつもり？　ボクの部屋は男だけのベッドスペースなんだけど」

「大丈夫、女友達が家に泊まっていいって言ってるから」

ボクは少しほっとしていた。「また明日ね」とその日は食後に別れた。

「次回」の魔力

翌日の朝、「今日は私の心当たりのある地域を回りたい」とメールが来たので、指定された場所にジープニーで向かい、手始めにその辺りにある部屋を見て歩く。彼女の気に入る部屋がなく、他のバランガイへと足を伸ばした。そうして午後三時、知らないバランガイに迷い込んでしまった。入口付近には野外バスケットコートがあり、人が入り乱れていた。何気なくそこに足を踏み入れると、道が縦横無尽に伸び、一見してスラムであることがわかる。

こういう時はサリサリストアで情報を得るのが手っ取り早い。さっそく貸家や貸部屋が何軒かあるという情報をもらい、一件ずつ迷いながら訪ね、条件などを確認する。ボクが日本人だと知って、はしゃいで案内を買って出てくれたゲイのお姉さんもいた。

路地の至る所に鉄骨や石が突き出し、排水溝も跨いでいく。それで時々ボクはピリータの手を取って進んだ。そのせいか、行く先々でカップルと勘違いされ、なかには「結婚していない間柄には部屋は貸せないよ」という反応もあり驚いた。「住むのは彼女一人です」と言っても、ボクが夜な夜な通ってくると勘ぐられたのだろう。もちろん男女別のベッドスペースや、女性に限定した貸し部屋は多い。ただ、未婚男女に対して倫理や道徳を振りかざす制約は、これまでマニラ市のキアッポ地区にあるムスリム居住区で耳にしたぐらいだった。

その日、家主が不在で見送った家が数件残った。今日中には決まるはずと思い込んでいた家探しは、それでまた一日延びることになった。

朝から歩きづめで疲れ切っていたボクらは、近くにあったモールのフードコートで夕食を摂った。もちろん費用はボク持ちだ。ピリータに「今晩また友達の家に泊まるの？」と聞くと「友達の家に二日は泊まりづらい」と言う。「……じゃあどうするの？」と尋ねると、「この近くにホテルがあるのを知ってる」と言う。〈この展開は〉と急に心臓がドキドキ高鳴りだす。ボクらは同じ通り沿いのモーテルのような宿まで、ジープニーに乗っていった。

歩いている間にも自然と手を握り合うことが何度かあった。それは恋愛感情から起こったものではなく、友人同士でも見られるスキンシップの一環だ。でも当時のボクはそれを「恋愛感情」と一緒くたに考えていた。

宿に着くと、その脇には「一人部屋一泊五〇〇ペソ」と書かれていた。なんのことはない、彼女は一人部屋に泊まる心づもりでいたのだ。その意図を察したボクは、少々ふて腐れながらも手持ちがない彼女に五〇〇ペソを渡し、一人家へと帰った。帰り際、さすがに申し訳ないと感じたのだろうか、彼女は「ススノッド　ハッ（次回ね）」と言った。その「次回」という具体性を伴わない言葉が、まるで魔法のようにボクを舞い上がらせてしまった。いったい何をそこに期待し、期待しなければよかったのだろうか。ボクは「次回」に向けてせっせと尽くしてしまうことになる。

家探しだけでは終わらない

三日目、朝から前日家主が留守だった家を訪ねる。午後三時を回った頃、ピリータはようやく、殺風景でまったく掃除の行き届いていない小さな家を選んだ。「離れの倉庫」とでも呼べそうな、隣の家と数メートル間隔を隔てた家だった。「家」と形容しながらも、内部は炊事場と、そこからわずかな段差を下りた所に部屋が一つあるだけで、四角いトイレ空間が部屋の隅を切り取るように備え付けてある。部屋の中央に無造作に積まれた木材を除けると、ゴキブリが数匹逃げ出した。

値段は一カ月三五〇〇ペソ（約八〇〇〇円）と、ボクのベッドスペースより五〇〇ペソほど高い。

「今日から住んでもかまわないよ」と家主は優しく言う。だがピリータには肝心のお金がない。途中から薄々恐れていた不安がここにきて現実になった。申し訳なさそうに彼女は切り出した。

「給料日に少しずつ返すから、前払いの家賃二カ月分を貸してもらえない？」

「……ボクもあまりないんだよね。困ったな。でも、せっかく見つけた部屋だからね……」

ここまで家探しにつき合った努力が無駄になるのだけは避けたかった。となるとボクには選択肢が残されていなかった。昨晩行ったモールへのゆるい坂道を降りていき、ＡＴＭから仕方なく家賃二カ月分に相当する額を引き出す。しかも彼女には今夜泊まるための布団すらない。床はコンクリート剝き出しなので、とりあえず布団の下に敷くシングル用のマットと、簡単な煮炊きができる電気コンロも、「給料日に返す」という約束で買った。それで戻る時は暗くなったバランガイの小道を、大きなマットを抱えて歩く破目になった。

入り組んだ道なので、人に尋ねながらようやく辿り着くと、家主が首を長くして支払いを待っていた。隣の家に住む幼い赤ん坊を抱いた若い女性と四〇代半ばの旦那、子どもたちも出てきた。新しい隣人に興味津々といった様子だ。

簡単な自己紹介の後、彼らから掃除用の箒や雑巾、シャワー用のタオル、鍋や皿などを借りる。ピリータを手伝って、水垢で真っ黒の、覗くのも恐ろしい便器やトイレの床をピカピカにした。

一〇時過ぎにようやく寝られる状態になった。最低限の服しか持ち合わせのないピリータは、「明日、姉の家にいったん帰って私物を取って来ようと思うの……」と言う。これ以上つき合わされるのは正直しんどかった。「そうだね。でもボクは大学の授業があるから……」とやんわり断った。

数日間の疲れがドッと押し寄せ、ボクは敷布もないマットの上でしばらく横になり、ピリータはシャワーを浴びていた。カーテン代りに服を引っ掛けただけなので、角度を変えればこちらから彼女が丸見えだ。〈それだけはすまい〉と思ったボクは、眠ることもむやみに動くこともできなかった。ピリータが着替えて出てくる。〈次はボクの番かな〉と立ち上がりかけると、「じゃあ、そこまで見送るわ」と言う。

「次回」は、こうして次回へと持ち越された。別れ際、彼女と頬をすり合わせるフィリピン式の挨拶を交わし、一人ダゴホイへと家路に着いた。

バランガイらしさ

それから一週間ほどして再びピリータを訪ねると、近所の人とすっかり打ち解けていた。

「仕事から帰ったら毎日お隣さんの所で過ごしているの」

引っ越しの時一緒に選んだ電気コンロがなぜか隣人の台所に置かれていた。

「一人で料理するのも寂しいから、いつもここで作ってみんなで食べているわ」

ボクもピリータの「新しい家族」の家で夕食を摂り、旦那さんたちと飲んだ。その間にも近所の人たちがドアからちらちらほら顔を覗かせる。引っ越ししたては知人がなく一人ぼっちだったのに、周囲の人たちが気遣ってくれて、すぐに打ち解けられるのはやはりバランガイらしい。その晩はとうとうピリータの家に行くことなく、「次回」の約束もピリータの脳裏には残っていないようだった。

その次の週に再び訪ねると、今度はピリータの従妹という女の子が家に住み始めていた。なるほど、こうして親戚や気心知れる者同士が生活を支え合うネットワークを築いていくのか。ピリータの従妹はほんの少しポッチャリとして、ピリータとはまた異なった可愛らしさを秘めていた。ボクの気持ちを察したのかどうか、「私、実はレズビアンなの」と言っていた。トイレには二人分の下着が干してあって目のやり場に困った。

それからしばらく経ったある晩、ピリータのお隣さんの一歳になる赤ん坊のささやかな誕生日会に招かれた。その日、バランガイ内はどこかざわついた様子だった。なんというか、直接肌に感じられるのだ。ピリータの家まであと一五メートルといった場所に、人々のたまり場になっていたビリヤード台があった。それが見当たらず、その横の地面にはチョークで人型がかたどられ、角には立入禁止の黄色いテープがちぎれて落ちていた。〈なんだろう〉と不審に思いながら跨いで通り過ぎる。後でお隣さんから「そこで白昼、男が頭を撃ち抜かれた」と聞いて驚いた。遺体はすぐに回収され、子どもたちも総出で血を洗い流したという。花束一つない寒々しい現場だったので、まさか殺人事件が起きたとは思えなかった。

レイテ島から職を求めて妻と移り住んで五年目という旦那さんが、「このバランガイを実質治める麻薬グループが絡んでいる」と教えてくれた。

「この辺の住人たちはもちろん一部始終を見ているし、主犯格が誰なのか知っているさ。でも警察にそうした情報を提供する者はいない。迂闊に話せばここに住めなくなるし、家族にとっても危険だ。長年住む者なら、こんな時のやり過ごし方を心得ているのさ」

一一時を回り、その晩は昼間の事件もあったので、ボクの身を案じた旦那さんが大通りまで送ってくれた。道の途中、ヒップホッパー風の身なりをした威勢良さそうな三人組が、ボクたちの行く手に立ちはだかった。彼らの一人と旦那さんは顔見知りのようだ。彼はちょうど熱を出していた上の子用の薬代として二〇ペソを握っていた。深夜の通行料を請求されたのか、それを男たちに手渡した。旦那さんは後で「あれがこのバランガイのギャングメンバーだ」と教えてくれた。幸い暗かったので、横にいたボクが外国人だと気づいた者はいなかった。もし旦那さんの気遣いを断って一人で帰宅していたら、何か面倒なことが起きていた可能性がある。別れ際、子どもの薬代はボクが立て替えた。

それからしばらくして、旦那さんから携帯に「困っているのでお金を貸してほしい」というメッセージが届いた。彼は日雇いの力仕事、奥さんは公園で屋台の売り子をしながらカツカツの家計を支えていることは知っている。しばらく考えたうえで「申し訳ないけれど、それはできない」と返信した。

その後、数カ月経っても、ピリータに貸したお金は返ってこなかった。次第に連絡も滞りがちになった。一〇カ月近くが経った頃、連絡が来てケソン市のティモグ地区にあるバーで再会した。ボクはバランガイの仲間を誘い、ピリータは「彼氏」という男を連れてきた。よくよく話を聞くと、ボクがピリータの引っ越しの手伝いをしていた時には、すでに二人は恋人関係だった計算になる。彼女は当時「恋人はいない」と話していた。二人は「同棲生活を始めてずいぶん経つ」と言う。引っ越しの第一の目的は彼との同棲のためだったのでは、という憶測も生まれてくる。

彼女の引っ越しに振り回されたうえ、一ペソも戻ってこない。自分の甘さ加減をつくづく思い知らされた。その時を最後にピリータとは連絡が途絶えたままだ。

トルコから来た「兄弟」

転がり込んできたメフメッド

メフメッドはボクが一時期通ったケソン市の英語学校の生徒で、そこでは表情も性格も「聖人」のようなトルコ人仲間ベッファが一緒だった。ボクたちは授業の合間によく話をした。二人は主にトルコ人イスラム教徒が暮らす「プサントレン（寄宿学校）」と呼ばれる、アノナス地区の閑静な住宅地にある一軒家で集団生活をしていた。ボクも二度招かれ、そこでフィリピンのトルコ人コミュニティーで有名な管理人や他のメンバーとともに食事をし、「ミーティング」と称するイスラム教の説教に参加したこともあった。フィリピンで大人気のアクションスターのロビン・パディリアもここに来たことがある、と聞いた。ロビンはマッチョな役回りが多く、同じくマッチョを売りにするドゥテルテ大統領に深いシンパシーを寄せている。二〇一七年に起きたマラウィ市占拠事件により家や家族を失った子どもたちに、社会福祉開発省を通じて五〇〇万ペソを寄付している。

メフメッドは将来、本国での仕事に有利との理由で英語留学をしていた。それは両親からの熱い期待を受けてのことでもあった。フィリピンに身寄りのない彼は、プサントレンに入ったばかりの頃、「みんな宗教的過ぎて、おまけに門限もあって疲れる」と不満をもらしていた。それに体系的で効率的な英語の授業も、彼にとっては退屈で非効率なものに映っていた。フィリピンへ来て一カ月半、早くもその両方に見切りをつけ、ボクが住んでいたダゴホイのベッドスペースに転がり込んできた。

初め、下宿人のみんなは、フィリピン大学の学生ではなく目的のよくわからない外国人との同居に、気が進まない様子だった。それでもスラッと背が高く、彫りが深い（特に鼻が高いのはフィリピンでは憧れの的）ハンサムなメフメッドを一目見たピニンおばさんが、彼をとても気に入ってくれた。ボクの隣のベッドにちょうど空きがあり、彼との同居生活が始まった。

メフメッドはトルコの大学を出たての二三歳だった。英語学校の授業やプサントレンでの共同生活に慣れない理由は、彼をよく知れば理解できる。彼はトルコ人であると同時にクルド人なのだ。ブッシュ大統領（息子）が大量破壊兵器を隠しているとみなして始めた二〇〇三年の対イラク戦争で、「クルド」という民族名が日本でも知られるようになった。でもフィリピンではいまだにピンとくる人は少ない。学生の時、クルド人組織に入っていた彼は、学校の内外でないがしろにされがちなクルド人の権利を主張していたという。

「毎日、少数のクルド人に向けて、『兄弟たちよ、何か問題はないか?』と呼びかけながら教室を回ってたんだ。外でも目立ち過ぎて警察に捕まったけどね」

その一方で「母親にはアルメニア人の血が流れている」と言う。アルメニア人といえば、第一次大戦によって終焉を迎えたオスマン帝国末期に起きた大虐殺に象徴されるように、トルコ領内で歴史的に迫害を被ってきた民族だ。いまだにトルコではアルメニア人虐殺の話はタブーだという。メフメッドも「母方の親戚は極端に少ない」と、そっと打ち明けてくれた。

メフメッドの英語はバランガイに来る前は本当にたどたどしく、日常最低限の会話すらこなせなかった。「フィリピンに来た時には『パスポート』という単語すら知らなかった」と笑いながら言う。入国の時、税関で「パスポートは？」と問われた彼は、「メフメッド」と答えた。飛行機内で「ブランケットはいかが？」と尋ねられた時も「メフメッド」と答えた。自分の名前一語だけでやってくる度胸には感心する。それでいてトルコの大学で国際関係を学んだというのだからちょっと驚きだ。

英語学校で簡単なタガログ語を教わっていたボクに、メフメッドを担当していたチューター（個人指導教師）のマルロから「カオル、ちょっと彼の会話の相手をしてくれないか」と頼まれたのが始まりだった。授業はすべて英語で行なうので、「ここまで単語を知らない生徒は初めてだ」とマルロは参っていた。

バランガイの仲間たちと異国の人びとと

メフメッドとほぼ同時期にバランガイにいた仲間がいる。かなりヒッピー風のフランス人イッチェンは彼曰く「映画監督の修行で長期滞在」していた。彼はボクがダゴホイへ越した時から、しばしば道端で地元の人たちと飲んでいる欧米人として目に留まっていた人物で、後にメフメッド同様、深い友情を交わすことになる。彼は白人と中華系フランス人レズビアンカップルと一つ屋根の下、部屋をシェアしていた。その家が周囲から好奇の目で見られていたのは言うまでもない。ボクの家同様にカナル（下水）の上に建つその家の台所は、イッチェンの食べ残しや汚れた食器が散らかっているので、ゴキブリがすごかった。

ほかにもメフメッドを追ってプサントレンを飛び出してきたトルコ人のフレッドがいた。彼には近所のホームステイ先を紹介した。メリハリをつけて勉強に集中するメフメッドとは逆に、フレッドの英語は最後まで上達しなかった。しかも、当時バランガイの一角で売られていた大麻にハマり、部屋で趣味のクラブ音楽をかけながらしょっちゅうトリップしていた。彼は当時大っぴらだった「自由」の虜となっていた。

こうした外国人メンバーが加わり、ダゴホイ出身で、大学内のホテルで働く姉御風のマリコやその兄弟姉妹を中心に次々と交友関係が広がっていった。

地元の仲間たちとのつき合いは、深夜メフメッドとバランガイを歩いている時、道端で声をかけられたのがきっかけだった。フランス人のイッチェンは、密かに彼に好意を抱いていたマリコから紹介された。

イッチェンとメフメッドにフィリピン人仲間が加わると、白人のイッチェンばかりちやほやされてしまう。メフメッドに対する態度とあからさまに違うので、それは敏感なメフメッドの気に障った。その気持ちはわからないでもない。日本でも同様のことはあるだろう。フィリピン人が無意識に行なう欧米系とアジア系への「区別」は、人によって「差別」として捉えられかねない。こうした不満が募ったメフメッドは、しまいにはバランガイの仲間たちから距離を置くようになった。それで一緒に住んで最も時間を共にしていたボクは、双方の間を極力取り持ちながら、メフメッドとの時間を大切にし、彼が帰国した後は、イッチェンやフレッドとつき合いを深めていった。結論から言うと、最後まで関係は続いたものの、バランガ

ダゴホイ時代。左奥がメフメッドでその隣がイッチェン。そのまた隣がマリコ

イの仲間たちとの関係は、一進一退という感じで深まることなく終わった。異なる価値観や貨幣価値、生活習慣を抱える外国人と同時につき合っていくなかで、フィリピン人の仲間たちともバランスをとるのは容易ではなかった。

メフメッド、宗教に目覚める

「オレは宗教的じゃない」と話していたメフメッドは、フィリピンにいる間に宗教心を積んでいったように思える。それはトルコへ戻ってからすっかり髭を濃くし、「オレはムスリムだ」と言いだしたことでもうかがえる。

メフメッドもフレッドも、お酒はぐいぐい飲むのに、フィリピンの豚肉を使った食事は受け付けなかった。「豚肉は習慣的にも衛生的にも無理」なのだそうだ。フレッドはまるで猫にでもなったかのように、ツナ缶やコンビーフばかり食べていた。そのせいか彼はどんどん痩せ細っていった。ただ、時々行く鶏肉がメインの、フィリピン資本のファストフード、ジョリビーをことのほか気に入っていた。

メフメッドは初めてのアジア、それも母国と文化が大きく異なったフィリピンでの生活に戸惑いが多く、母国の慣習から抜けられずにいた。「トルコでこれはあり得ない」が彼の口癖だった。

ある晩、路上でマリコたちと飲んでいる最中、彼女たちが連れ立って傍らに停めてあるジープニーの陰に消えるので、気になったメフメッドが「そこで何をしてるんだ？」と声をかけた。彼女たちは戻ってくると当然のように「おしっこに決まってるじゃない」と答えた。それを聞いたメフメッドは突然血相を変えて立ち上がり、彼女たちを叱りだした。ボクは初め彼女たち同様に「これは何かの冗談？」と考えていた。ところが彼は本気だった。メフメッドは「女が外で、しかも人前でそんなことをしてはいけない」と、拙い英語で必死に伝えようとしていた。それに対して彼女たちは「誰も見てないし、男はいつでも人が見てたってするでしょ！」と、耳が痛くなる反論をした。ボクは一応隠れてするけれど、そうした男たちの一人であることに変わりはない。

メフメッドはまた、地元仲間のゲイに対して冷たかった。「トルコにはゲイなんていない」と言い張る彼に、ボクは「彼らは全然変な人じゃないよ。そんな考えではいけないよ」と子どもを諭すように言って聞かせた。

初めて学食にメフメッドを連れていった時、そこのスタッフに彼を紹介すると、スタッフの一人がゲイっぽい仕草でメフメッドに近づいた。メフメッドがハンサムなので、彼は同僚たちの前でふざけてみせただけだった。でもメフメッドはそれを本気だと取り、「それ以上オレに近づくな」とあからさまに警戒を示した。ボクは慌てて間に割って入った。でも、そのスタッフはなぜメフメッドが突然怒りだしたのかわからない。それで「フレンド」と言いながら彼が和解の手を差し伸べたところ、メフメッドが拳を振りかざしたので「メフメッド！」とボクは怒鳴った。

その晩、ボクたちはベッドに腰かけて話し合った。

「トルコにだって必ずゲイはいて、メフメッドがそれを知らないだけなんだよ。そうやってゲイを差別する人が多ければ、彼らがカミングアウトできるはずがない」

ボクは彼の宗教そのものを否定してはいない。カソリックだって同様の教義はある。ただ、一定の宗教や教義がすべてなのではなく、多様性を受け入れる寛容な社会や人々もいるということを理解してもらいたかった。その晩メフメッドは神妙な顔つきで考え込んでいた。

フィリピンのムスリムについて少しばかり調べていたボクは、大学の教授からフィールドワークでフィリピンに来た博士課程在籍のタイ人ムスリム研究者を紹介された。彼女にグリーンヒルズという近場のモール内にある真珠や宝石を扱うムスリムコミュニティーを教えると、「インタビューしに行きたい！」と興味を示したので、「ムスリム」のメフメッドも一緒に連れていくことにした。マスジット（モスク）で祈る人たちを見て、管理人と話し、真珠店の店員にインタビューをした。メフメッドも彼らの歓心を買い、「ムスリムか？」と聞かれ、「え、ええ、ムスリムです、アッサラーム」と返していた。その日の体験は彼に何らかの作用を与えたのかもしれない。

それからしばらくして同じモールで、かつてメフメッドのチューターをしていたマルロと再会した。初めは和気あいあいと話していたが、マルロが発した一言がメフメッドを怒らせた。それは「フィリピンのムスリムが住んでいる地域は汚くて、犯罪も多い」という言葉だ。もちろんこの部分だけ切り取れば偏見と捉えられかねない。しかしマルロはムスリムも多いミンダナオ島サンボアンガ市の出身で、ポルトガルに三年住んでいた経験を持ち、地元では観光系の大学で教えたともあるインテリだ。世間に対する見識は広く、しかも兄がムスリムで、背景知識なしに出てきたセリフではなかった。それでもメフメッドは「ムスリムを侮辱するな」と怒りをたぎらせた。

これは単純にクリスチャンであるマルロとムスリムであるメフメッドの間の宗教的な確執などではない。単純な言語コミュニケーション上のすれ違いだ。メフメッドはフィリピンに来たことで宗教的アイデンティティーを考えるきっかけが生まれたようだった。

夜遊びにハマる

ある晩、マリコやバランガイの仲間とケソン市のティモグ地区にあるバーへ行った。ただ、仲間うちで飲むことを楽しんでいたボクたちと、メフメッドはどこか違っていた。彼は毎回目標を定めて英語の勉強をしていた。次の日から彼は「カオル、今度は二人だけで行こう」としつこく誘った。

引っ越してきた当初、バランガイの仲間やボクと会話がスムーズにこなせるように、という目標に沿って日中は英語を猛勉強していた。彼から英語の発音を聞かれるたびにボクが教えていたので、彼の英語はボク仕込みの日本人英語になってしまった。そこに「バーで女の子と知り合いたい」というハイレベルな欲求が新たに加わった。単にカラオケ屋で横に付いてくれる女の子と会話をするというレベルではない。彼は鬼のように勉強に邁進した。

彼と二人だけで繰り出した晩、近郊バレンズエラ市から従兄や友人らと車でやってきた、あどけなさの残る一八歳の大学生とボクは踊ることになった。どこか懐かしく愛嬌ある顔つきだったので尋ねてみると、偶然にも「母親は沖縄出身なの。一緒に暮らしてるわ」と言った。メフメッドも別のテーブルの女の子と踊っていた。こうした出会いが突然生まれてしまうので、ボクたちはその道にハマっていくことになる。そしてメフメッドは英語学校で勉強していると信じる親からの仕送りを遊び代へと注ぎ、最終的に英語学校で学ぶ以上の成果をものにしていった。それは彼流のディシプリン（規律）と目標が合致したことに因っている。後に同じ勉強法を選んだはずのフレッドには、目的は同じでもディシプリンが欠けていた。

ある時、マリコたちから「今晩どこかへ飲みに行こう」と誘われた。「いいよ」と返事をし、そのつもりでメフメッドも誘った。でも気乗りがしない彼は「それよりも踊りに行こう！」としつこいので、マリコには「今日はやっぱり宿題が終わらないから」と断りのメッセージを送った。ところが、いざバーへ行ったところ、そこでマリコたちバランガイの仲間とばったり遭遇してしまった。彼らから「私たちと飲むのが嫌だったんでしょ？」と皮肉たっぷりの言葉を投げかけられた。いずれフィリピンを離れてしまうメフメッドは、そんな彼らを無視する強さを見せ始めていた。一方ここに残るボクは、彼と同じようにふるまうわけにはいかない。

「本当にごめん。そんなんじゃないんだ。ただ、メフメッドと一緒にいたくて」と正直に説明した。

メフメッドが彼らに対して少し距離を取り始めていることは彼らも気がついていたからだ。ただ、そのもともとの理由が何なのかを彼らは知らない。なんとかその場は収まったけれど、ボクと彼らとの距離はだいぶ広がってしまった。結果、メフメッドが帰国するまで彼との関係に専念しやすくなった。

時にイッチェンやフレッドも加わると、ボクたちの夜遊びはエスカレートした。男連れの女の子にまで独特なダンスを披露してアプローチを試みるフレッドは、喧嘩騒ぎを起こして何回かマッチョな用心棒のバウンサーにつまみ出された。ある時はバウンサーに中指を立てたので、そこでも喧嘩寸前になった。たまたま顔見知りのバウンサーだったので、チップを多めに渡して納めてもらった。

イッチェンもマリコたちと飲む以上に、徐々にボクたちとの時間を楽しみだしたので、バランガイでは疎まれ始めていた。それでも彼は当時、まだ大目に見られていた。その違いはどこから来るのだろう。そんなイッチェンとバーで二四時間遊ぼうとしたことがあった。でも眠気に負けたボクは先に脱落して早朝帰宅した。彼は清掃員が掃除する日中もバーで眠り、夜再び合流すると、元気に飲み始めていた。さすが「ヒッピー」は無敵だった。

メフメッドと繰り出したある晩、バーで酔ったボクはゲイの「お姉さん」に言い寄られた。彼女が隙を突いてボクの頬などにキスするのを見たメフメッドは、軽蔑するようにボクたちを指さして「お前たちはゲイだ」と言った。

ボクはそれから二日間彼と口をきかなかった。最終的に動揺して謝ってきたメフメッドに「少し話をしよう」ともちかけ、夜の大学散歩に誘った。

「自分の態度がボクだけでなく、本当にゲイの人たちをどれだけ傷つけているかわかる？」

「……うん、今はなんとなくわかってる」

彼もこの二日間、彼なりに考えていたようだ。人はすぐに変われないことはわかっている。彼も少しずつ学んできていることは確かだった。最後には「ブラザー」と呼び合って和解した。

帰国までのカウントダウン

そんなメフメッドと過ごした二カ月半という時間にもとうとう終わりが来てしまった。彼も「こんなに早く帰るつもりじゃなかった」と悔やんでいた。学校に通っていなかったことが親にばれ、送金を止められてしまったのだ。他人事ではなく、ボクもいつバレるかとハラハラしていた。最後の一〇日間、彼の手元にはオープンの復路の航空チケットだけが残っていた。それしかない彼に、食事から何から何までボクが面倒を見た。彼はもう「弟」も同然だった。

とうとうメフメッドが部屋を出ていった。最後の数日間を、当初お世話になったプサントレンで過ごすことになったのだ。彼とはいろんなことを共有した仲だけに寂しくてたまらず、数カ月ぶりに気を紛らわせようと夕方マカティ市まで遠出した。友人のアシュレイを探してマッサージ屋を訪ねると、ケソン市に帰宅していた。結局受付嬢のメリーとテレビシリーズの『ウォーキング・デッド』を見て過ごした。

夜九時半を回りそろそろ帰ろうと思っていると、メフメッドから携帯に不審なメッセージが届いた。

「Kaoru, where are you? I want you to come, hurry up（カオル、どこにいる？　すぐに来てほしい）」とあった。

場所を聞いてみても、ケソン市の通りの名前以外は判然としない。これはSOSだろうか、それとも何か喜びを分かち合いたいのだろうか。いや、これはきっと前者だ、と直感した。ボクはすぐにタクシーを探して飛び乗った。道が空いていたので指定の通りまではすぐに着いた。それなのに、なかなか返事が来ないのでボクは苛立っていた。プリペイド式携帯の残高が底をつき始め、補充できる店も見つからない。しばらくうろうろしていると一通のメッセージが届いた。そこにはバーの住所と名前が広告のように無機質な文面で書かれていた。明らかに彼の文面ではない。〈ここに来い〉という意味？　もしや誘拐されたのかと不安がよぎる。道端にいた三輪バイクタクシーのトライシクルの若者に聞くと「そのバーなら知ってる」というので連れていってもらった。

そこは怪しいネオンが並ぶ一角だった。二〇軒ぐらいあるだろうか。どの店の前にも女性たちが数人座って通りすがりの男たちに声をかけている。店の前にいた女性や警備の男性に「もしかしてここにトルコ人がいる？」と訊くと、「おお、お前が日本人か？　待ってたぞ！」と逆に歓迎されて驚いた。

簡単な持ち物検査の後、中へ入る。青紫の蛍光ライトが照らす薄暗い店内には、ドアに向かって足を組んだ女性たちが座っていた。無表情な目が一斉にこちらを見る。入口の脇ではビキニ姿の女性が台の上で、場違いにアップテンポなカラオケ曲を歌っていた。その音がやけにうるさい。お客のいない小さな店内で、きれいに着飾ったメフメッドがポツンと俯いて座っていた。その光景がツボにハマり思わず笑ってしまった。こちらを向いた彼の表情は、今にも泣きそうだった。

「ブラザー、こんなところでいったい何してるんだ!?」

「カオル、ごめん。聞いてくれ。オレの携帯番号を聞いたという女から『会いたい』って電話がかかってきて、言われた場所がここだったんだ。飲み物や女を買えってしつこいんだ。でも、オレは金がないし、それで『日本人の友達が来るまで待ってくれ』って言ったんだ。助けてくれ。どうしたらいい」と困り果てていた。彼は夜な夜なバーで知り合った人に電話番号を教えていたからこうなってしまったのだ。

「それで、相手はどの人? その人と一緒になりたいの?」と訊くと、

「どっか行ったまま帰ってこない」

「じゃあお店から出ればいいのに」

「それでいいのか?」

彼が取っていた選択は、罰ゲーム並みに高度なチャレンジだ。痛快にもメフメッドは一時間以上、奥に売春部屋を備えた店内で、飲み物すら注文せずにひたすら突っぱね、粘り続けていたのだった。結局ママさんのような人に「ここは音が大きいから外で話してきます」と伝え、そのまま店を離れ

た。店も変に頑固でわけのわからない客が来てしまい、処置に困っていたに違いない。「何も注文しないなら早く出ていってくれ」というのが本音だろう。ボクはあたかも「問題の多い弟」を説得しにきた「兄」のようになっていた。

トルコに戻ったメフメッドからは、「無事会社に就職した」と聞いていた。その彼が二〇一六年七月、一部のトルコ軍によるクーデター未遂が起きた時、エルドアン大統領の呼びかけに呼応してイスタンブールの路上での抗議に参加。その際、反乱軍に拘束され、一夜軟禁されてしまった。「軟禁中は飲まず食わずだった」という彼は、クーデターの鎮圧によって解放された。彼は混乱する街の様子を録音し、リアルタイムで送り続けてくれた。

その後、「トルコ人にオンラインで英語を教えるビジネスがしたいので、フィリピン側で教師を探してくれないか」と連絡があった。久しぶりにイヤフォンとマイクを通して彼との会話を楽しんだ。「もう少し具体的になったら詳細を伝えるよ」と言っていたけれど、あのビジネスはどうなったのだろう。連絡がないのは目途が立たないからかもしれないし、気が変わったのかもしれない。

フィリピンにいながら、行ったこともないトルコという国にクルド人の「兄弟」ができたこと、それはあのバランガイからの大切なリガロ（贈り物）だ。

サン・ヴィセンテの女の子

貧困はなくならない

ボクが住むバランガイ・クルス・ナ・リガスから、初代大統領のマヌエル・ケソンを記念するメモリアル・サークルまではミニバスのジープニー一本で行ける。サークル近くのファミリーレストランで昼食を摂っていると、中学一年生ぐらいの女の子が隣のテーブルにスッと座った。土曜日でも授業があるのだろう、学校の体操服姿だった。バッグ代わりの巾着袋をテーブルの中央に投げ出し、上半身をテーブルに突っ伏してグデーッとしていた。まるで疲れて力が入らないかのようだ。食事に戻ろうとして囁き声に気がついた。女の子のほうを見ると、こちらを見つめる瞳とぶつかった。

「グトム・アコ（お腹空いた……）」

フィリピンには小銭や食べ物の施しを求める子どもや大人がいまだに多い。二〇一三年、レイテ島を中心に甚大な被害をもたらしたヨランダ（スーパー台風）が去った後、着の身着のままの被災者たちが都市へ流れ込んだという。経済の中心であるマカティ市の路上にも、当時そうした物乞いの親子を時々見かけた。現政権下でも、路上生活者は都市風景の一部であることに変わりはない。

彼らに比べて、その子には清潔感があり、学校帰りの生徒であるのは一目瞭然だ。そんな子が苦境を訴えかけてくるケースに遭遇したことはなかった。小麦色の肌は、本来であれば道端で遊び興じる活発な少女を思わせた。それなのに伏し目がちの表情はどんよりと曇っていた。ボクは好奇心からいくつか質問を投げかけた。

「今日は何か食べたの？」

「うん、朝は食べた」

「どこの学校に通っているの？」

「××高校」（フィリピンでは二〇一三年以降、高校が六年制になり、最初の四年間が日本の中学にあたる）

「家はどこ？」

「××通りサン・ヴィセンテ」

「うーん、ごめん、知らないな。それってクルス・ナ・リガスの近く？」

「よくわからない。でもこの近く」（実際は隣の地区で、この時のボクはまだ知らなかった）

「両親はいるの？」

「うん、いる。でも田舎に行っちゃった」

「きょうだいはいないの？」

「お父さんとお母さんと一緒に行ってる」

「じゃあ、家に一人きりなの？」

「おじさんとおばさんはいる。でも夜遅くまで仕事だから」

「何か食べるものは家にないの？　作れないの？」

「うん、何もない……」

　この短いやり取りでわかったのは、「少なくとも朝食は食べている」ということだった。同情を買うには正直すぎる回答で、通常の物乞いとは違った。「食べた」とは言っても、量が足りていないのだろう。空腹なのは、落ち着きのない様子からも読み取れ、時々つく深いため息で切羽詰まった状態であることがわかった。

　路上で寝泊まりするストリートチルドレンにはどこか達観したところがある。大人と子どもが交ざったバルカダ（グループ）を組み、つるんでいるので、一人きりで生きることはあまりない。何よりも彼らはタフだし、仲間がいる。ボロを着ていても、他人の視線を跳ね返す強さを持ち合わせている。それに比べて、この女の子は見た目が普通で、たった一人だ。店の警備員も特別な注意は払っていない。ボクはこの子に何かおいしい料理でも作ってあげられたらな、と思った。でも家へ連れて行ったら、近所の人に妙な目で見られてしまいそうだ。少し悩んだ挙句、交通費ぐらいにしかならない額、それでも一人前のライスが買えるコインを、力なく開かれたその手の平に載せた。

「サラマッ（ありがとう）」。ボクは「気をつけてね」と言葉を返した。その時の少しばかりの笑顔に、子どもの無邪気さが表れていたのでホッとした。その子はそれから、職場の同僚同士らしい女性グループに近づいた。「お腹が空いた」と呟いたに違いない。結局、誰からも相手にされず、諦めてレストランから出ていった。その様子を眺めていて、気がつくとしばらく食べる手が止まっていた。

ボクができること

その女の子と交わした短い会話が事実なら、一方的な断定は避けたいけれど、親や親戚から「ネグレクト」にあっている可能性があった。

フィリピンでは二〇一〇年にアキノ大統領が就任して以来、平均六パーセントを上回る経済成長が続いてきた。現大統領ドゥテルテが自分の成果であるかのように強調している「経済の上向き状況」は、彼によって始まったわけではない。しかし、好景気の恩恵が貧困層にまで降りていくトリクルダウンはまず見られない。国際貧困ラインといわれる一日一・九ドル未満で暮らす貧困層が、いまだに人口の二〇パーセント以上に及ぶフィリピンで、「ネグレクト」は即、親を断罪する言葉となり得ないのが現実だ。空腹を抱えている絶対的貧困層がひしめく社会では、相対的貧困にある子どもたちが置かれている実態はいまだ可視化されていない。優先順位のうえでは、そうした子どもへの対応は後回しにされがちだ。学校に通い、「衣」と「住」に問題ないように思えたあの女の子は、不足した「食」を自力で補おうとしていた。

マニラのような都会では、見ず知らずの人に施しを求めることが一般的な選択肢だ。それを恥ずかしいと思う必要はない。余計なことを気にしていたら食べていけない。フィリピンに限らずとも、よく「物乞いの子どもたちにお金をあげてはいけない」と言いつつ、「お金以外の物や食べ物であればあげていい」のだと耳にする。その意図するところはわからないでもない。ただ、そうした姿勢は、目の前にいる「個」と向き合うことを拒絶し、個別のケースを無視している。つまり、眼前に展開されている状況を見ながらも、目を閉ざしているのだ。たとえ法律で金銭の施しを禁止しようが、その金が犯罪組織に流れようが、彼らはそこから分け前をもらって生きているのであって、食べるためにそうする以外にない。ボクは施すという行為そのものを「偽善」だとして、善し悪しを断罪するような感覚などは持ち合わせてはいない。そんなことより、施す側が「驕り」にとらわれていないか、自身の心境と常に向き合ってチェックすることのほうが大切なように感じる。「施しを受ける」側にいる者の立場はとても弱い。さらに子どもであれば、見知らぬ大人と接触することは危険と隣合わせだ。あの子もすでに危ない経験があったかもしれない。去り際に「気をつけてね」という言葉を投げかけていたボクが「心配してあげる」以上に、あの子はきっと危険を理解しているはずだ。あえてファミリーレストランを選んでいるのは、彼女なりの自己防衛の表れだといえる。

フィリピン大学のバランガイ

そんなことを考えながらレストランを出て、少しばかり歩こうと思った。今まで歩いたことのない道を通って帰る。その時たまたま通りがかった地区が、あの女の子が住むサン・ヴィセンテなのだと知る。大学の正面ゲート脇の歩道を右に折れればもうそのバランガイだった。こんなに近いと知らなかったボクは、彼女のおかげで初めからこの地区に親近感を抱いた。

サン・ヴィセンテに入っていくと、まず草地を走るカナル（水路）に沿って掘立小屋やテントが林立している。犬や鶏が目につき、一足飛びにプロビンス（田舎）に来たような軽い錯覚を覚える。時にこうした風景のバランガイはある。バランガイを「都会の中の田舎」と形容した教授もいる。かつて訪ねたパラニャーケ市にあるバランガイでは、木造の掘立小屋が立ち並び、鶏やヤギが群れて移動し、それを犬が見張っていた。そこだけ時代の流れとは無関係にのどかさを保ち続けていた。

サン・ヴィセンテを進んでいくと、道が舗装され、ヘルスセンターやバランガイオフィス、立派な屋根を備えたバスケットコートなどが現れる。反対側にはサリサリストアが軒を連ねる。市場は人で溢れかえり、活気に満ちている。バランガイの要素が凝縮した町は、外国人のボクにどこか懐かしさを喚起してくれる。子どもや大人が生活空間の一部として路上を活用し、有機的なコミュニケーションが行き交う。それはフィリピンの典型的な「下町風景」だ。

マーケットエリアを抜けると、今度は車庫を備え、高い塀で囲まれた家並みが現れる。このように周辺から中央へ行くにしたがって、刻一刻と町並みは変化していく。それらが数百メートルのバランガイ内で展開される。まるで地区の発展史を見ているようだ。

フィリピン統計局の二〇一五年の人口調査によれば、サン・ヴィセンテには七〇〇〇人余が住んでいるという。一方、ボクが住むクルス・ナ・リガスは二万人以上もいる。

そもそも「バランガイ制度」は、一九七二年に戒厳令を敷いたマルコス大統領が、行政区分の末端まで掌握し管理するために、七八年に作ったものだ。「バランガイ」という言葉は、スペイン統治以前には海辺にあった小集落を指していた。もともとはフィリピン式のボートをバランガイと呼んでいた。それらのボートが集まるところに、ダトゥ（酋長）やババイラン（呪術師）を中心とした最小のコミュニティーが形成され、次第に海辺の集落を「バランガイ」と呼ぶようになった。人々が内陸へ移動するにつれてバランガイも

都市の一般的なバランガイ風景（マンダルーヨン市）

広がっていく。そうした点からも、都市の中でありながらどこか村落のような地域コミュニティー、親戚や顔見知りなど近しい関係の上に成り立つ社会や区分を「バランガイ」としたことは、言い得て妙だと思う。

ダゴホイ、サン・ヴィセンテ、またクルス・ナ・リガスも、八つある「フィリピン大学のバランガイ」を構成している。ボクがタゴホイから移り住んだ大学のゲートの外に位置するクルス・ナ・リガスには、「十字（クルス）の形をしたリガスという木がたくさん生えていた」と地区の古老から聞いた。古い資料にもその一帯はグラッド（丘の上）と呼ばれ、中心に建つ教会周辺は一九世紀末、スペインからの独立に立ち上がったカティプナンの闘志たちが休息所にしていた記録が残るという。一九四九年にエルピディオ・キリノ大統領がたった一ペソで一帯を大学に売り払った時には、その広大なエリアにクルス・ナ・リガスも含まれていた。現在は土地の権利が長年住んできた住民側に移る途上にあり、それは国立大学の土地の売買を禁じた法律の中での「特例」だという。

二〇一五年の統計では約七万人の住居未登録者が「大学内」で暮らしているといわれている。この多すぎる数字こそ、人の入れ替わりが激しいバランガイを象徴している。一〇〇ペソ程度の費用をバランガイオフィスに払って登録するとすぐにＩＤがもらえる。あくまでも任意なので、ボクも「未登録者」のままだ。

サン・ヴィセンテを抜けて見覚えある地域に差しかかる。すでにあの女の子の顔を忘れかけていた。それでもボクは、あの子が一瞬見せた笑顔を探し続けていた。

プリンセス

フィリピン社会の変化

二〇歳の頃に買ったアフリカ太鼓のジャンベが実家で眠っていた。叩く場所や時間帯を気にしがちの日本と違って、音楽好きを豪語するフィリピンではそんな配慮は不要に思われた。なにしろ満員の通勤バスやタクシーでも、音楽がガンガン鳴り響くお国柄だ。それで飾り物だったジャンベを連れてきた。

ジャンベを通して見ると、二〇一六年七月のドゥテルテ政権の出現は、時代の変化だったことがわかる。この間、骨抜きだった諸規制の厳密化が図られた。長年ミンダナオ島のダバオ市長を務めていたドゥテルテは、そこで施行した条例や実践を全国へと一気に広げた。彼のとった政策の一つに、午後一〇時以降の酒類の店頭販売やカラオケ禁止がある。後に酒の販売は午前二時までに緩和された。現在では実際どこでも買えてしまうけれど、これはその初期の頃の話だ。

カラオケ機を備えた酒場をビデオケと呼ぶ。もともとはカラオケ機の名称だ。ボクが住むクルス・ナ・リガスには一軒だけビデオケがある。「カンビンガン」という名前で、ここはドゥテルテ政策の影響をもろに受けた。

カンビンとはヤギのことで、以前はヤギ料理を出していた。家庭で飼われることの多いヤギは、ムスリム地区やその周辺を除くと、一般にはあまり出回っていない。入手が大変だからなのか、いつの間にかメニューからカンビンが消え、今では看板のみにその面影を残している。

店のマネージャーの好物はカンビンの臓物などを煮て、アブド（胆汁）の苦みを加えたスープ、パヒタンだ。ヤギや牛で作るのが一般的で、マネージャーが自分用に作った日にたまたま店へ行くと、無料でふるまってくれる。

午後一〇時以降のカラオケ禁止の通達には、カンビンガンも従うしかなかった。ビデオケの性格上、カラオケの音は店の命だ。ドアの上方から天井までが吹き抜けのこの店の構造も、音で客を呼びこむ工夫だといえる。音が途絶えたカンビンガンの夜間収入は当然ガクンと落ちてしまった。そこで日頃から客と飲み交わし、耳にした話を直ちに反映させる柔軟なマネージャーは考えた。ボリュームを少し絞って、歌目的で来る常連客にカラオケを解禁したのだ。取り締まりのリスクを気にしていたら店が持たないから、やむを得ない判断といえた。

午前零時になると入口に鍵をかけ、表向きは閉店を装ってカラオケや酒盛りを続けていた。しばらくして商売上手なマネージャーは、元軍人のオーナーから店を買い取ると、途端に夜間のカラオケを全面解禁してしまった。「隠れキリシタン」的なためらいを持ちつつも、客足はだいぶ回復した。

先進的な市を目指してきたケソン市は厳しい条例都市だ。以前から路上飲酒やタバコは禁止されていた。しかし、大っぴらに路上で酒を飲んで騒ぐことは、庶民の生活の一部になっていて、警察が取り締まった話は聞かなかった。

国から助成を受けていないフィリピンの電気代は、東南アジアで最も高額だという。したがってバランガイには電気代のかかる冷房や冷蔵庫のない家は多い。狭い家に大勢住んでいるので、家で飲むにはスペースが限られ、おまけに暑い。だからといってバーに飲みに行けば高くつく。夕食の残りをプルータン（酒の肴）として持ち寄り、家の前や近場の路上で隣人たちと涼みながら飲むのは、食べ物を腐らせないばかりか、隣近所との交流も育む。「路上飲み」は、生活の中から生み出された「庶民の知恵の集大成」といえる。

ボクは酒の席にジャンベを持ち出し、深夜には手の平で打面にミュートをかけて、消音を心がけていた。時に酔った友人が大きな音で叩いて注意される。度を越せばフィリピンだって当たり前だ。「ドゥテルテ・ルール」は、道端で単にジャンベを打つボクにまで忍び寄ってきた。午後一〇時を過ぎると見知らぬ住人から苦情が入るようになった。これは規制に住民が従ったという単純なものではなく、前々から音を気にしていた人たちはいたのだろう。それが国からお墨付きを得たことで、「やっと声に出せる」と勇気づけられたのだとボクは見ている。「音楽を愛する国民性」と国内外に吹聴してきた裏で、押さえ込まれてきた不満の声があっても当然だ。市民のために安全な公共空間を作り出すと約束したドゥテルテは、そうしたマイノリティーの声に「拡声器」を提供し、路上を「善良な市民」たちに解放したのだった。

今では早い時間帯でも、前ほど自由にジャンベを叩くことはない。そんな窮屈な空気が支配し始めているのだ。それでもジャンベが作り出してくれた関係は多く、知り合えた小さな友達もいる。その一人がプリンセスだ。

ジャンベに突っ込んできたプリンセス

初めてプリンセスと会った日はクリスマス直前で、子どもたちが道端でクリスマスソングを歌うカロリンが方々から響いていた。バランガイの家々を歌って回りながら小遣いをもらい、クリスマスプレゼントを買うのだ。地区の中央に建つカソリック教会が先導するプロセッション（行列）には、高校の吹奏楽が加わり、流行りの洋楽ポップスを演奏していた。ボクはそうした喧噪のなかで、家から持ち出した鉄製の丸椅子に座ってジャンベを叩いていた。プラスチック製の安物の椅子は足が弱く、体重の重みで何脚も折っていた。

ジャンベに向き合っていると、視界の隅からダダーッと何かが接近してきた。「これは何？」と問いかけるより早く、太鼓は叩くものとジャンベに突っ込んできたのがプリンセスだった。さすがに叩く手が痛くなったようで、手を休めた時に話しかけるといっぱしの口を利いた。

頭が「マルコメ君」なので男の子かと思ったら、名前で女の子だとわかった。ジーッとしていられず人見知りも遠慮もしない。「けがしちゃったから髪を刈った」のだと言う。スタジオジブリの映画『となりのトトロ』の少女メイを彷彿とさせた。

まだ小学校に上がる前のプリンセスは、小学四年のぽっちゃりした男の子を従えて、まるで女王様のように「タバ（太っちょ）」と呼び、いばっていた。フィリピンでは見た目や身体的特徴があだ名となる。今の日本ではイジメにつながると忌避されかねない。ボクも最初戸惑いを覚えたけれど、関係性が濃く、地域コミュニティーが機能しているバランガイでは、特にイジメという感覚はないようだ。大人の間でも、他人の一風変わった癖や特徴を茶化し、茶化される側もそれを意に介さない。でもボクは、一応名前を呼ぶようにしている。

「日本人？　日本人って何？　日本語って何？　何か話して！」プリンセスは初めて話す「日本人」という生物に興味津々だった。しばらくすると母親が「夕食よ〜」と迎えにきた。外で遊ぶ子を探しに来る親。懐かしい光景だ。自分の子が見知らぬ人といてもそれだけで子どもを叱ったり、あからさまに疑いの眼差しを向けたりしない。プリンセスは「お母さん、日本人だよ。カオル、カオル」とボクの名前を連呼し、日本人と知り合えた興奮をなんとか伝えようとしていた。少し距離を置いて、タガログ語が解せるかをうかがっていた母親に会釈を送った。「また遊ぼうね」と呼びかけると「うん！」とプリンセスは笑みを返した。

プリンセスの母親はとても若かった。二〇一九年三月のフィリピン統計局発表では、一五〜一九歳の出産率は七パーセント（二〇一四年は一二パーセントだった）と若年者の出産は減少傾向にある。しかし、一億八四〇万人とフィリピンの人口はうなぎ登りで増え、東南アジアで一〇代の出産率が最も多い国の一つであることに変わりはない。それを実証するかのように、一〇代で出産した母親がボクの周りにも多い。数字以上に感じられるのは、きっとバランガイに住んでいるからだろう。

その日以来、「見知らぬ他人」だった彼らが目に留まるようになった。プリンセスには幼い弟がいて、意外と近くに住んでいることや、母親は近所づき合いをほとんどしていないこともだんだんわかってきた。母親はボクが一人でいると、そっと近づいてきて二言、三言言葉を交わした。

プリンセスはよく母親自慢をした。「ビューティヒュー」と言うので、ボクもその都度「きれいなお母さんだね」と相槌を打っていた。それが母親の耳に届いていたかはわからない。

しばらく彼らを見かけない時期があって、どうしたのか気になっていると、ひょっこり戻ってきた。元気いっぱいに走り回る人懐っこいプリンセスを見かけると毎回ホッとした。だいぶ髪が伸びて女の子っぽくなってきた。

「久しぶりだね、どこに行ってたの？」

「あのね、おじさんの所に行ってたんだよ！」

母親からも「少しの間親戚の家に移っていたの」と聞いていた。ちょっとした事情で親戚や知人の家に居候することはフィリピンでは珍しくない。短期のはずが中長期に及ぶ場合もある。

ある日、歩いていると前方に二人を見かけ、後ろから「わっ！」と二人を驚かした。プリンセスがはじけるような笑顔を返した一方で、傍らにいた母親はどこか当惑した表情を浮かべ、こちらを避ける素振りを見せた。その時、数メートル先に駐車していたトライシクルに寄りかかる初老の男性が、ボクをジーッと見つめていた。その時は〈変な人だな〉と思いつつも忘れていた。後日、その男性が運転するトライシクルに乗る母娘を見かけたので、プリンセスに会った時に尋ねてみた。

「あのトライシクルの運転手は誰？」

「おじさんだよ！」

〈ああ、あの人が親戚だったのか〉と合点した。それからプッツリと母娘を見かけなくなった。

こつぜんと消えた理由

近くに友人が営む美容サロンがある。ある日サロンに立ち寄って、そこで働く飲み仲間の一人、ローズアンと世間話をした。世間は狭いとはこのことで、偶然母娘の話が出た。

「知ってる、プリンセスでしょ。母親とは知り合いよ」

ローズアンも一〇代で出産した一人だ。小学生の娘の下に次女と長男がいるのに、夫は他の女性の所に行ってしまった。プリンセスの母親と同じシングルマザーだ。

「プリンセスの母親には恋人がいて、トライシクルの運転手をしてるの。今もバランガイの恋人の家で母娘は生活してるはずよ」

プリンセスが「おじさん」と呼んでいた三〇歳以上年の離れたあの男性のことだった。
「あの男はね、実は出ていった私の夫の父親なの。だから、けっこうな年よね。プリンセスはいうなれば私の親戚なのよ」。すでに関係を絶っているとはいえ、ローズアンの義父がプリンセスの継父ということになる。なんだかややこしい。

　年の差うんぬんは、フィリピンではざらにある話だ。二五歳までは結婚に両親の承諾（同意）が必要という妙な家族法がいまだに残るけれど、実際は結婚時に親の承諾書の要求はなく、いたって当たり前に事前に相談する程度で、近年は風化しつつある。ボクも成人した本人たちが了承すれば別にかまわないのでは、と思う。ただ、そうした年長者との年の差婚は、教育を受けられなかった結果、経済力がなく自立できない女性に多い気がする。プリンセスの母親もその一人だ。彼女は生活の面倒を見てもらう条件で運転手と関係を結んでいるようなのだ。

トライシクルに乗る親子（プリンセスではない）。こうして子どもを前に乗せる光景は一般的

「彼女は子どもたちの毎日の生活や教育を考えて、好きではない男と一緒に暮らしているの。かわいそうね」と、ローズアンはため息をついた。

けれども、その男性も裕福からはほど遠い。年の離れた若い恋人との関係や生活を維持するため、トライシクルという収入が多いとはいえない仕事で苦労を重ねてきているはずだ。自分への愛が感じられない女性を引き留めることほど、むなしいことはないだろう。

教育を満足に受けられなかったプリンセスの母親は仕事に就いていない。学歴でいえばローズアンも変わらない。それでもローズアンは三人の子どもを食べさせるためにサロンで働き、なんとか自活してきた。今では年の近い恋人もいる。

プリンセスの母親もローズアンも、かつて結婚した夫とは別居し、新たなパートナーと関係を築いている。というのも、フィリピンの法律では離婚が認められていないので仕方がないのだ。教会に熱心に通う特に中間層の人たちは、「結婚の絶対性」を美徳とする保守的な傾向がある。国は法律上、婚姻制度の維持に努め、離婚を是認することはない。そうした裏で、崩れてしまった夫婦関係を法的に維持したまま、新たな恋人と同棲して、事実婚を積み上げてきた現実がある。

法的に結婚していようがいまいが、「アサワ（連れ合い）」として人に紹介するのは、フィリピンの常識だ。そうした境界が曖昧になっている原因は、結局のところ婚姻制度の絶対視による弊害で、本質が形骸化してしまったからに他ならない。

離婚制度がない国は、世界中でバチカンとフィリピンのみとされる。いまだに独身のベニグノ・

アキノ三世や、「一夫多妻は理想的」と発言するドゥテルテを含め、歴代大統領は女性団体や知識層が求める性教育や避妊具の普及には積極的な反面、中絶や離婚には消極的だ。「婚姻の無効化(annulment)」という特例措置があるにはある。しかし、手間と時間、高額の費用がかかるので一般には広がっていない。ドゥテルテ自身、女癖の悪さが高じて、前妻から「結婚の無効化」を突きつけられ離婚している。そうした特例措置で事が済んでしまったドゥテルテは、個人的に離婚制度の必要性を感じていないように思う。もっともドゥテルテの妻による「無効」手続きには、二年の歳月がかかった。市長や政治家の妻であっても、それだけの時間が必要となれば、一般に普及するわけがない。ただ近頃は女性団体や彼の支持母体からの突き上げで、ドゥテルテも態度を軟化させてきた。カソリックとは事あるごとにぶつかり、伝統にとらわれない大統領でもあるので、二〇二二年までの任期中に離婚制度が成立する可能性は高く、個人的には期待をしている。

ローズアンの話を聞いて、引っかかっていたプリンセスの母親の態度の理由がいくらかわかった気がした。

地域コミュニティーが機能しているバランガイでは、噂好きが多い。噂好きの男性をチスモソ、女性はチスモサと呼ぶ。「誰が誰にいくら貸している」「誰と誰がくっついた」、また「内縁関係にある」などはかっこうの噂の対象だ。当の本人が気づかないうちに、まわりの誰もが知っていることもざらだ。それに、そうした噂話を提供する行為があからさまに非難されることはない。むしろ彼らは暗黙のうちに了解し、フィリピンで人気の連続テレビドラマ「テレセリェ」を楽しむかのように、事の進展に注視しているのだ。

それから一年ほど経ってプリンセスの母親とバランガイ内の別の路上でばったり出くわした。見覚えがあるな、と思いながらゆっくりすれ違う。彼女もボクに気づき、しきりに誰だか思い出そうとしている様子に見えた。雑草が生い茂った記憶の道を辿り、ようやく思い出せた時にはもう、お互いの角を曲がってしまっていた。

飲んで学んで考えた

マルコたちとの「飲み」

　自宅アパートの共用ゲート脇にゴミ捨て場がある。猫が生ゴミを漁るので毎朝ゴミが散乱している。熱帯の気候はゴミの腐敗を早め、臭いに釣られてゴキブリが集まる。ドアの下の隙間からも入ってくるので、一階の部屋はさぞかし大変に違いない。ボクは二階なので幸運だと安心していると、不意をついて網戸のない窓から飛び込んできたりする。

　今ではサリサリストアがスペースの半分を占めているゲート前の空き地は、「飲み」にはもってこいの場所だった。そこは表通りから二〇メートルほど入った路地で、見回りの警官が来ることはない安全圏だった。

　その日は昼間から十数人で酒盛りをしていた。彼らの大半は近所に住む顔なじみのマルコたちだ。フィリピンでは、協調性を指す「パキキサマ」の精神が尊ばれる。その精神に則れば、持っている者が惜しみなく差し出し、分け合い、持っていない者も、ありがたくそれを頂戴するのだ。そのため、通りすがりの友人や知人に「ショット（飲め）！」と酒の入ったグラスが差し出される。外国人のボクにも同様で、授業前だろうが食前だろうがかまわない。「まあ一杯」と勧められる。その次に「まあ座れよ」と誘われるまま座ってしまうと、しこたま飲まされることになる。その日グラスを差し出してきたマルコの様子は、どこかぎこちなかった。

マルコはダンスを職業にしてきた。クラブやストリップなどを巡回して、幕間に踊る女性グループの「男性補佐役」だ。彼はグループの振付も同時に担当していた。すらりとして、流行りの韓流の化粧を施したマルコの妻も、以前はそうしたグループのダンサーだった。

「この頃ダンスの仕事が減っちゃってさ」とマルコは困っていた。四〇歳の誕生日を迎えてもダンサーだからか、彼の容姿は若々しい。しかし、好きで続けてきた仕事には「年齢の壁」が立ちはだかっていた。子沢山のフィリピンでは、二〇一八年の平均年齢が二四歳（日本は四六歳）と、若い人材がわんさかいる。そのため、あらゆる業種で壁が高くそびえる。ファストフードのアルバイトなどは二五歳までという所も多く、パートの仕事などはあまりない。マルコは臨時で土方をし、料理好きを生かして本格的な手料理を路上で売ることもあった。まだダンスの仕事がコンスタントに入っていた頃は、エージェンシーを通して三カ月間日本へも行った。

「日本での仕事はダンサーの女の子たちの付き添いさ。バーの掃き掃除や雑用をして、給料はもらってなかったよ。でも、時々優しいお客さんがチップくれたな」

それでも初めての日本はとても楽しかったらしい。

「言葉が全然わからないから、買い物は大変だよ。コンビニのカウンターで『んー』とか『あー』とか言いながら、みんなから預かった一番大きい札を渡すんだ。お釣りをもらってもわかんないから、数えもしなかったね」

日本での彼の一番の幸せは、なんといってもダンサーの女性たちとの共同生活だ。

「なにしろ彼女たちとの同居だろう、最後の頃なんてみんなシャワーから出て上半身裸で過ごしていたんだぜ、ゲヘヘ」と思い出し笑いをした。

今は、臨時の仕事すらない時は、オンラインカジノで働く妻から小遣いをもらい、千葉県にいる姉に仕送りを頼むこともあるようだ。ただ、姉も自分の子どもたちやマルコ夫婦、母親まで支え、経済的負担は相当なはずだ。

その日マルコは「夕べの飲み会、お前来なかったな」とボクをなじった。実は前夜、飲んでいる彼らに声をかけられた時に、「あとで行くよ」と言ったままだった。参加するかしないかは相手にもよる。こちらにも優先事項があるので、酔えば酔うほど冴え渡り、翌朝からまた飲むことができる「ドランクン・マスター（酔拳）」級の彼らと本気で飲むのは憚られた。その頃つき合い過ぎがたたって胃が疲れていたボクは、翌日の予定を優先させる「未来志向型」になり変わろうとしていた。

そうした「賢い」生活スタイルを覚えてしまうと、その姿勢を維持することが目的になってくる。

型にはまった毎日の行動パターンに居心地の良さを感じてしまい、そこからはみ出すことは怠慢に思えてくるのだ。そのため彼らとの間に妙な垣根ができ始めていた。その日、マルコの表情に浮かび上がった幻滅の色が、ボクを何度目かの「脱皮」へ導いた。いったん家に引き返すと、ジャンベと椅子を持って「飲み」の席に加わった。

「飲み」の鉄則

ちょうど一一月初め、ハロウィンの季節だった。ハロウィンの二日間、フィリピンでは先祖の墓へ行き、ロウソクを灯し、花や食べ物を供える。最近は薄れてきたものの、食べながら親戚同士語らい、夜通し墓場で過ごす習慣がある。その期間にはテレビコマーシャルで「墓場での酒盛り禁止」が流れていた。こうした「親族が集まる場での飲酒」まで規制しようとするのが現政権の特徴だ。「酔っぱらい同士の喧嘩を防ぐため」という、もっともらしい理由を掲げていた。マルコたちから、「ここで飲めるだけ飲んでから墓へ行こうぜ」と誘われる。

路上飲みではグラスに並々と注がれたアルコール度六・九パーセントと高めのビール、レッドホースが順繰りに回ってくる。これは「タガイ」と呼ばれる形式だ。グラスに注がれる一杯の量は、田舎へ行けば行くほど多くなる傾向がある。とはいえマルコたちの量も半端ない。毎回イッキ飲みを期待されている感覚だ。ちびちび飲んでいると、ボトルを持ったタンゲロ（ホスト役）にジーッと手元を見られ、プレッシャーが与えられる。時にはボクもタンゲロ役を買って出る。そうすれば飲むフリをしてスキップしたり、分量を自分好みに調節できるからだ。気づかれるとひんしゅくものだが。

杯を重ねていくとボディーブローのように喉元や胃に熱がこもってくる。ボトルが空くと、すぐさま一リットル六本入りのケースが補充される。金の持ち合わせがなければ、甘えてしまってもかまわない。ただ、飲んでばかりいるのも悪い気がするので、誰かが買いに行く時に多少出資したり、連れ立って行くと喜ばれる。ボクも途中でつまみになる菓子を買いに出る。出先でばったり友人と会い、話し込みつつ休憩することも必要なのだ。その日は道端で丸々と太って美味しそうなバグス（ミルクフィッシュ）の炭火焼きが目に留まったので一匹注文した。「飲み」の参加者の家族も、次々とプルータン（酒の肴）を差し入れてくれる。そうこうするうちに、その晩の墓参りはどこかに吹っ飛んでしまった。

数時間が過ぎ、気がつけば一人また一人といなくなっていく。どこかへフラッと行ったきり消えてしまうのだ。立小便ならすぐ脇ですればいいのに、「トイレ」と言って立つのは帰る兆だった。「絶対『帰る』や『さよなら』は言っちゃいけない」と以前マルコが教えてくれていた。かつて何人かで飲んだ後、食堂へ行って夜食を摂った帰り、友人が「家でもっと飲もう」としつこく誘ってきた。充分飲んでいたので「帰りたい」と言っても聞いてくれなかった。ちょうど妻に届ける弁当を手にしたマルコに助けを仰ぐと、マルコはすぐにこちらの気持ちを察してくれた。

「そう言えば日本からの土産まだもらってなかったよな？　弁当を届けるついでにお前ん家に寄るよ」

マルコに戻ってくる気がないことはその友人も熟知している。「お土産なんて明日にしろよ」と必死だ。マルコは「オレたち必ず戻ってくるからさ。まだ飲み足りないし」と握手し、固い約束を交わしたうえで、揃って家へ帰った。彼らの間では「すぐ戻る」は「さよなら」の意味なのだ。「もっとうまくやらなくちゃ」と嘘も方便だと教えられた。マルコへの土産を用意していなかったボクは、楽しみに取っておいた、賞味期限が半年過ぎた一風堂のラーメンを泣く泣く渡した。

その日も律儀に「オレ帰るわ」という人はなく、誰もがきれいに去っていった。飲み仲間には子持ちの父親も多い。妻が差し向けてきたのだろう、迎えにきた子どもをかまいながら消えていく方法は実に巧みだった。際限なく楽しみながらも誰もが帰るタイミングを見計らっていた。

学生とバランガイの人びととのすれ違い

最終的にその一角には五人が残った。酔って動けなくなる前に抜けようと考えていたボクの魂胆は見破られて隙がない。「帰る、帰らない」は心理戦の様相を呈してきた。

「今楽しまないでどうする。勉強ばかりしているとバカになるぞ！」。そんな言葉には弱腰になる。マルコたちのロジックでは、大学に通う人は勉強好きで一人作業を好む。よって、近所の人たちとのつき合いをあまり好まないから世間知らずで、ゆえに「バカ」だということになる。

彼らのグループ内での共通認識に、「人づき合いがうまくて冗談が冴えている人」は、一人前の人間として評価される傾向がある。彼らの主要な情報ソースは、テレビや携帯電話などのソーシャルネットワークで、特に動画の影響は大きい。共感を覚える人間はコメディアンや映画俳優、歌手などのいわゆるマルチタレントだ。そうした人たちは「大衆の姿を装う」ことに長けている。拡大解釈すれば、政治家に求められる資質も似通っている。従来的な「エリート」には当てはまらない、映画俳優から大統領になったエストラダ、ソーシャルメディアを主戦場とするドゥテルテからも、大衆受けを狙う言動（ポピュリズム）が充分見て取れる。

ボクが大学や本で知った、彼らの言う「バカの一つ覚え」は、「飲み」の席の話題になり得ない。彼らが酒の肴にするのは、どこかで聞いたようなジョークや仲間内の話、話題になった事件や下ネタが多い。芸人のように饒舌ではないけれど、話し方や繰り出し方、そのセンスには思わず魅了されてしまう。彼らが相手との距離を縮めるための駆け引き、他人への眼差しといった「人間力」の濃さは舌を巻くほどで、とにかくつき合ううえで心地良く、すぐに相手の緊張を解きほぐしてしまうのだ。彼らとのそうした時間は、日頃のしがらみを忘れられる贅沢な時間でもあった。

ボクが日々接するフィリピン大学の学生と比べてどうだろうか。彼らはフラタニティーと呼ばれる友愛会（卒業生と在校生が共に活動する社会的な縦割りの組織）を始め、舞台劇や音楽、ダンスといった芸術活動一般、それからボランティア、サークル活動などに忙しい。国内外の政治運動やN

GOなどの市民運動に加わる学生も多い。つまり、多忙な学業をこなしながら、さまざまなニュースに関心を持ち、現実の変化にコミットする術を持ち合わせる。そんな問題意識の高い学生たちが集まっている気がする。彼らは近場に家があれば自宅から通い、遠方の人は大学内の寮や近隣のバランガイに部屋を借りて住んでいる。彼らの束の間の「仮住まい」であるバランガイは、国内外に広がる外部ネットワークと比較すれば、おそらく見劣りする世界だ。

フィリピン大学の学生が、バランガイ内の酒場や近場の洒落た店で、仲間同士飲みながら侃々諤々と議論を戦わせる光景をよく目にする。しかし、他大学の学生はさておき、近所にいるフィリピン大の学生たちが路上で飲む姿はまるで見たことがなく、ボクの飲み仲間も彼らと飲んだことはないという。なぜなら彼らは、特定の目標に向かって課題や勉強を忙しくこなし、今日よりも明日に向かって生きる真面目で優秀な学生なのだ。ボクとは根本的に出来が違っている。

もちろんマルコたちにそうした学生が持つ「世界観」は見えていない。つまり両者のコミュニケーションや文化的な趣向は見事に分断されている。彼らからすると近所にいるフィリピン大学の学生たちは、近くにいるのに遠い世界のお高いヤツらなのだった。

バランガイで生まれ育った者は、多くの例外もあるとはいえ、「親族や友達との身近で濃密なネットワーク」から飛び出し、自らの力で可能性を切り開くことは難しい。日々の生活に追われる彼らは、思い切って海外に出稼ぎ口を求めない限り、深くてかなり煩わしい人間関係がどこまでもついて回る。一方、フィリピン大学の学生たちは、そうした身内と外の世界との懸け橋になって、家族をも外へと導く役割を担うことが可能だ。つまるところ、学生たちとバランガイの住人との間には、互いに相容れない深い溝が横たわっているのだ。

バランガイの持つ顔

いつの間にか夕暮れ時になり、麦わら帽子を被った近所のロラ（おばあさん）が、日課の道掃きに出てきた。彼女が「こら、この怠け者たち、飲んでないで働け！」と声を張り上げると、「年寄りは帰って寝ろ！」と返す。ある者はこっそりロラに近づいて、サッと目隠しして箒を取り上げる。股に挟んで飛ぶ真似をする。親しき仲だからこそできる遊びだ。こうした関係を近所同士で結べる彼らが羨ましい。

暗くなって互いの顔が見えなくなってきた。さっそく床や壁の隙間からゴキブリが這い出してくる。ボクは両足を上げて椅子の上で胡坐をかくか体育座りをする。ゲート前の家のお母さんが電気を引いて明かりを灯してくれる。するとさっきまで隣で飲んでいたジェフリーの姿が見当たらない。

「あいつ、どこへ行ったんだ？」

「ジョイ（ジェフリーの妻）の実家に行ったんだよ。オレたちも行ってみるか」と誰かがノリで言う。

この界隈でマルコと並ぶイケメンのジェフリーは、姉夫婦が経営する表通りのお粥屋を妻と手伝っていた。彼らには学齢期前の子どもが二人いる。料理上手なジェフリーは、モール内のフードコートで一時期働いていたが、同僚との人間関係がストレスになり、すぐ辞めてしまった。

彼のジョークはちょっとわかりにくい。普段の人あたりは柔らかいのに、酔うとたちまち喧嘩っ早くなる。道端で騒ぐ別のバランガイから来た若者めがけてビール瓶を投げつけたこともある。空の瓶が路上で砕け散り、罵声が飛び交って場が騒然とした。

またある時、ジョイが「ちょっと氷を調達してくる」と、男友達のバイクの後ろに乗って出かけた。男友達も買いたいものがあったらしい。しばらく彼らは戻らなかった。ちょうどフィエスタ（バランガイの祭り）の時だ。

「どこにも氷がなかったの。それで遠くまで探しに行ってたのよ」というジョイの説明もろくに聞かず、ジェフリーは脇に停車してあった男のバイクを引き倒し、ガンガン蹴り始めた。タンクからガソリンが洩れ、止めに入ったその男の顔面を殴った。一〇分後にはバランガイ・タノッド（パトロールスタッフ）が仲裁に来た。わけのわからない嫉妬と友人への理不尽な暴力に怒り心頭に発したジョイは、しばらく実家へ帰ってしまった。もっとも実家は、歩いてたった三分の距離にある。

ジェフリーをからかうためジョイの実家に押しかけたボクたちは、そこで両親や親族たちが集まって和やかに団欒する光景にぶつかった。こちらに気づいたジェフリーは「え、どうしてここに!?」と慌て始めた。バツの悪さが顔に表れていて、それがたまらなくおかしかった。ここバランガイの親しい間柄では互いの行動は筒抜けだ。

そのジョイの親戚の家は中央に中庭があり、共同団欒空間になっていた。ボクたちに椅子を出さないことは「パキキサマ」の精神に反する。厚かましくもそうして席を占拠したボクたちは、勧められるままにテーブルの上の食べ物をつまみ、酒を飲んだ。せっかくの親戚同士の時間を酔っぱらいのボクたちが乱していた。最後は彼らの心情があまりにも表れている視線を全身に浴びつつおいとました。ボクたちが「招かれざる客」だったことは、当然マルコも理解していた。それでもマルコとジェフリー、ジョイとの関係が変わることはまったくない。

〈あいつらはけしからん、いったい何だ〉とどこかで思いながらも、それを許し、笑い話にしてしまえる大らかさがこの社会にはあった。時にはめを外しても「人間そんなこともあるさ」と受け入れてくれるのが、バランガイのいい所かもしれない。

ゲート前に帰ってくると、残しておいたミルクフィッシュの半身が、野良猫に持ち去られていた。

ロムロホール

お気に入りの場所

ボクが通うアジアセンターの建物にはG・T・TOYOTAという企業名が付されている。こうした外国の一企業の名称を国立大学内に冠するのは、いささか問題と考える人もいる。とにかく名前から想像できるように、企業からの寄付で建てられたその校舎は、大学内で最も綺麗な建物といえる。それなのに入学このかた、居場所としては決して好きではなかった。松濤館流の空手の先生でもある警備員のおじさんやハキハキした若いスタッフたちとは顔見知りで、ちょくちょく会話はする。でも、長居する気持ちにはどうしてもならない。むしろ同じブロック内に建つロムロホールのほうが居心地はずっと良い。

校舎の名前はカルロス・ロムロ（一八九八―一九八五年）に因んでいる。彼はフィリピン大学の学生だった一九一九年に、初めて大学でデモを組織した。長年大学の政治に携わっただけでなく、ピューリッツァー賞受賞を始め、国連総会の議長やバンドン会議のフィリピン代表も務めた「国民的英雄」だ。

アジアセンターは以前ロムロホールにあった。センターの発足は建物が建つ以前の一九五五年だが、このロムロホールは七五年に国民的芸術家ファン・ナクピルの設計で建てられた。いわゆる「国宝級」の建築物なのである。実際フィリピン各地の伝統的モチーフを採用しているという。それに加え、マルコス時代を彷彿とさせる荘厳な外観が当時の面影をたたえる。今ではすっかり老朽化し、玄関の奥行きのあるひさしは煤けていて、その暗がりには昼間でも小型の蝙蝠がぶら下がり、糞が雨のように滴ってくる。

ロムロホールの正面玄関脇の警備員デスク前には、コーヒーや菓子を食べながら話せるようイスが並んでいる。そこがボクのお気に入りで、大学内で時間をつぶすには、図書館かそこしかない。

ロムロホール

正面玄関の警備を担当するセキュリティーガードがジョアンだ。彼女はボクが入学した時からいつだってそこにいる。北イロコス州出身で、小学校の時にマニラのトンド地区へ移り住み、高校、そして四年制大学ではＩＴ系に進んだ。

「警備の仕事で一日一二～一六時間働きながら大学に通っていたの。寝る時間が取れなくて、残り一学期の時に、授業に集中できなくなって中退しちゃった。今思えばもったいない話よ。スペイン系の先生はネイティブ並みのスペイン語が混ざった変な授業をしてたわ。意外に貴重だったかもね。きちんと卒業していたら、もっと良い仕事につけたのに……」

彼女は大学へ入った頃、この大学のそばを走る大通り沿いに面したバランガイで従妹たちと暮らしていた。

「そこにある市場は食材がディビゾリア（マニラ市の物流の中心）並みに安くてね。一日一〇〇ペソで五人分の食費がまかなえたわ」

フィリピンでは敬遠される鶏の尻の部位をキロ単位で買っていた。「それが一番安かったのよ。だから鶏肉と言えば尻肉以外考えられなかった」と笑う。

その後結婚したジョアンは、フィリピン大学内のバランガイに移った。そこはボクが住んでいたダゴホイの少し奥にある地区だ。警備員の仕事もロムロホール付きとなり、家から歩いて五～六分で通えた。家では夫やその家族と同居する。ジョアンは三〇代半ばの今でも、フィリピンでは珍しく子どもがいない。加えて彼女は特定の宗教も持ち合わせない。とはいえカソリックの家に生まれ、小さい頃は親と教会へ通っていた。「宗教には何の思い入れもない」そうで、過度な家族観の押しつけに対しては批判的で、彼女と話していると日本人と話しているような感覚を覚えることがあった。

ロムロ・マジック

ロムロホールには現在、イスラム研究所という大学院コースが入っている。研究所自体は一九七三年にマルコス大統領令によって設立された。ちょうどスールー諸島やミンダナオ島で独立を求める武装闘争が起こり、モロ民族解放戦線（ＭＮＬＦ：イスラム教徒の政治組織）への対応に政府が頭を痛めていた時期だ。

ジョアンはそこで学ぶムスリムの学生たちと、宗教に関係なく実に仲良くやっている。彼らを不思議な目で眺めている場合もあるし、ボクの前ではムスリム式の身なりに冗談を飛ばすこともある。それは差別とは無関係な好奇心からくるものだった。

見た目こそきつそうだけれどジョアンは根は気さくだ。仲良しの学生が通りかかると途端に話を始める。教授や学生、職員ばかりでなく、猫もジョアンが大好きだ。ボクが見るところ、どこの学

ロムロにはいつもジョアンと猫がいる。このイスに座って雑談するのが好きな時間だ

科前にも、そこで一日中過ごす警備員が残飯をやるため猫が住みついている。ジョアンにも親猫、子猫など六匹あまりがつきまとっていた。不思議とアジアセンターには猫が寄りつかなかった。

ボクは大学院に入ってこのかた、ある種のコンプレックスを感じ続けてきた。それはロムロホールなどを除いて、大学内で深くつき合える友人ができないことだった。英語力やタガログ語力にいまだに自信が持てないことや、彼らとの間に知識の差を感じてしまうからなのかもしれない。特に所属学部では似たフィールドを専攻する学生同士だからか、いつも自分自身に不甲斐なさを感じてしまう。その点、他学科の学生とは幾分リラックスしてつき合える。それがロムロホールにいる学生となると、屈託なく自然体で話せるから毎回不思議に思っていた。ボクのいる学科が特殊なのだろうか、それともイスラム研究所が特別なのか、はたまたロムロホールという場が生み出すマジックなのか。

ロムロホールが生んだ出会い

ロムロホールで知り合った友人の一人にミゲルがいる。彼は芸術学科の学部生だ。ロムロホールとまったく関係がない彼も、帰りにその前を通っていた縁で、ジョアンに引き寄せられた一人だ。ミゲルはアメリカ生まれで、フィリピンとアメリカの二重国籍を持つ。そのため自由に両国を行き来でき、キリスト教徒のフィリピン人が最も羨む境遇にある。彼のフルネームはミゲル・ロペス・レガスピで、ロペス・レガスピという一五六五年にセブ島に渡り、フィリピンを武力征服した歴史的な人物と同じ名だった。「もしかしてレガスピ総督の子孫？」とやや興奮気味に尋ねると、「残念だけど何の繋がりもないね」と言われた。ただ、顔つきからスペイン系の血が混じっていることはわかる。フィリピン移民として早くから父親がアメリカに渡り、ミゲルの長兄も向こうで暮らしている。

「兄はもう六年近くもフィリピンの土を踏んでない。航空チケットが高くてボクがアメリカに行ける機会はごく稀だよ」と、教育ママのもとフィリピンで育てられたミゲルは語った。ミゲル兄弟の末っ子は、現在私立の名門校アテネオ大学で学ぶ。ミゲルは日本や韓国へ旅行したことがあり、それぞれの地で日本のアニメキャラクターのコスプレグループと交流を結んでいる。ミゲルとはすぐに意気投合し、アテネオ大学の真向かいのアパートに住む、彼の友人ニックの家で定期的に遊んでいる。

ニック宅へ行く時は、ミゲルとロムロホール前で待ち合わせてジープニーに乗り、スーパー前で降りる。そこで食材を調達してから、徒歩で向かうのを常としていた。ミゲルは毎回六人前もありそうな特製チャーハンをふるまってくれる。ボクも一度バーモントカレーを作った。

ミゲルの大食漢ぶりは半端ない。痩せ型のニックも「一人じゃめったに料理を作らないから、栄養が偏ってしまうよ」と、毎回ここぞとばかりに栄養補給に勤しむ。食後はアルコール度数四〇パーセントでも火がつくジネブラ・サンミゲル社のジンブラグをグラスに注ぎ、ストレートでちびちび回し飲みする。苦い表情で飲み干すミゲルにはつい笑ってしまう。

ニックは「技術系の大学で土木技師になるべく勉強して五年目になる」と言っていた。まだ二〇歳だと言うから計算がちょっと合わないけれど、そこはよしとしよう。彼はフィリピンでは珍しい一人っ子だ。両親は首都圏の南に位置するタギッグ市の閑静なヴィラに家を買って移ってしまったので、ニックは一人でアパート暮らしを謳歌している。彼にとっては、ヴィラは静かすぎてお化けが出そうな場所なのだそうだ。高校の英語教師である父親と、家事に専念する母親も週末にはこちらに戻り、ニックと共に過ごす。気さくな両親で、すぐに打ち解けた。ゆったりした造りのそのアパートは、かなり年季の入った建物で、柱や床の隙間にたくさんのゴキブリが住みついていた。ニックもゴキブリは苦手らしかった。

「深夜明かりを消すと、やつら一斉に這い出てくるんだ。トイレや台所の引き出しを開けるときには要注意だ！」

一時期フィリピン大学内で開講していた日本語コースに在籍したニックは、「本当は翻訳者になりたい」と言う。だから今でも独学で日本語の勉強を続けている。独学のため、通常の語学教育では知り得ない難しい単語が飛び出してくる。日本趣味が高じて、ボクもまったく知らない軍歌を歌い、ボクよりよほど「大和魂」なるものを持ち合わせていた。ただアニメを主教材にした自己流の勉強法のため、文法的な正確さには乏しく、言葉使いはくだけ過ぎだった。本人もそれを充分承知しているので、初めのうちは日本人であるボクの前で日本語を使うのを躊躇していた。よくよく考えてみれば、ボクのタガログ語もそんなものに違いない。細かいことは気にしないで、とにかく人と話しまくってボクもここまできた。それでも月一で定期的に遊ぶことは彼にとって日本語習得の励みになっていたようで、会うたびに上達していた。

ミゲルもニックもインテリに加え、なかなかのイケメンなのでモテそうだ。それでいて彼らの抱えているギャップが面白い。二人とも日本のポップカルチャーのファンで、相当なアニメオタクだ。ある時、彼らの共通の友人も加わって日本の話に花が咲いた。正直彼らの深遠な知識についていけなかった。アニメソングのイントロクイズをする段では、ボクが知っている曲は一つもなかった。それでいて、ボクがわかる昔のJポップまで知り尽くしている。完全にお手上げだった。

また、彼らは日本人向けのチャットルームで、お目当てのアイドルや声優とチャットしていた。日本人アイドルに本気で惚れ込むニックは、日本でアイドルと直接話がしたい一心で日本語にさらなる磨きをかけている。趣味を深めるために独学で言語を学べる人には尊敬を覚えてしまう。

彼らと過ごす時間は、バランガイの飲み仲間たちと過ごす時間とはまったく異なる。彼らはより個人的で、興味を満たす「高度な」対象を模索し、趣味の世界にどっぷり浸かっていた。彼らのコミュニティーは、言語能力の高さや電子機器への精通も手伝い、いとも軽々と国境を越える。それだからか、実生活においては最小限の狭い交友関係、互いをむやみに干渉しない関係性を好むところがあった。その限定された空間の中では一二〇パーセント自由を謳歌しているとさえいえた。

ミゲルは母親が厳しいので、アルコールの匂いを消すために毎回歯ブラシセットを持参していた。

帰り際にはご丁寧に予備の服に着替え、酒の臭いを消し去る気の配りようだ。彼は半年ほど大学を離れ、「ガンの治療に入るアメリカにいる兄のそばにいてあげるつもりだ」と言っていた。

最近、恋愛や家族より仕事やキャリアを優先する風潮が勝ってきているとの世論調査結果もあるフィリピンにおいて、彼は旧来の価値観に基づいた関係性を大切にしていた。

サウジアラビア生まれのアハメッド

ある時、ロムロホールで一人の青年と知り合った。彼の名はアハメッド。フィリピン人である彼の両親は、出稼ぎ先のサウジアラビアで出会って結婚した。

「うちは子沢山で、ボクは一〇人いる兄弟の真ん中だ」と言うアハメッドは前年、二七歳にして生まれて初めて両親の故国であるフィリピンの土を踏み、以来ロムロホールでイスラム法学を学んでいる。ボクは当初、両親が外国人であっても、そこで生まれればサウジアラビア国籍が自然に付与されるものと思っていた。実はそうしたアメリカ的な国は少なく、二〇一七年現在、世界で三三カ国しかないという。

「父はサウジアラビアの旅行会社で働く中間層さ」。そうでなければ一〇人の子どもを育てることなんてできなかったはずだ。

フィリピンに住んで一年、アハメッドは学生寮に入り、生まれ育ったサウジアラビアでは苦手科目だったという英語を磨いている。上達が早いため、同時にタガログ語も学ぶ。

「サウジアラビアで英語を話せるのはごく少数だよ」

近年は中東とフィリピンとの関係がぎくしゃくしているものの、フィリピン人出稼ぎ労働者を一〇〇万人近く受け入れてきた。そのサウジアラビアでは、「圧倒的多数の肉体労働者や家事労働者が一般の人たちと接触する場面はほとんどない」と言う。

「サウジアラビアの中等教育だけで英語を身に着けるのは無理だよ。英語教育の問題というより、社会での英語の必要度やその位置付けに問題があるんじゃないかな」

彼の説明にボクも同意見だった。日本でも小学校から英語教育が盛んになっている。ただ、それが日本の実社会において、どの程度必要とされ普及しているのか疑問だ。

「アニメを見始めたのは、テレビで流れていたのがきっかけで、初めは他の子どもと変わらない楽しみの一つに過ぎなかったんだ」

アハメッドもミゲル同様、小さい頃から日本のアニメに熱中してきた。

「アニメに描かれている独特の世界観が好きなんだ。『当たり前であることを疑い、逸脱を試みるべし』という教えをアニメから学ばせてもらった」

彼は日本のアニメに通底している「日本文化」とされる独創性や極力迎合しない価値観、といった彼が信じてやまない「個（オリジナリティー）」の体得に、努力を傾けてきたようだ。「だから日本には親近感がある」とアハメッドは言うけれど、ボクにはアニメに描かれる世界観と現実の日本の社会との間に果たして接点があるものか、正直よくわからない。ただ、話を聞きながら、彼が人生の指針とする「個」の確立を世俗的なアニメ世界に求めながら、一方でイスラム教の戒律に従うことは矛盾をきたさないのかと不思議に思った。

そこで尋ねてみると、「育まれてきた宗教的精神と、ある種『世俗の権化』のような日本のアニメに寄せる理想との狭間で、アイデンティティーの統合を保つのは正直難しい」との難解な言い回しで返事が返ってきた。彼はもつれた精神状態の解消へのヒントを、日本人であるボクとの対話に探っているような気がした。

アハメッドが両親のルーツであるフィリピンで、二七歳になって大学院で学ぼうと決めたのは、当たり前からの「逸脱」を実践する試みだったようだ。彼は宗教的「安住」の地サウジアラビアから、人口の八〇パーセントがカソリック教徒という「不安定」なフィリピンへとやってきた。しかも、フィリピンムスリムが属している民族や言語グループとは距離を隔てている。というのは、アハメッドには生まれ落ちた時に体得するはずの、身体と記憶に根付く民族的な土地体験がないからだ。

アハメッドと結婚観や恋愛観に話が及ぶと、「今まで恋人はあえて作っていない」とプライドをにじませた。

「今は勉強が大事だし、もしも結婚を前提にしたつき合いができなければ、恋愛そのものに価値はないからさ」

イスラム教の教えでは、カソリックと同じく婚前交渉が禁じられている。それが結婚や女性性に「神聖な価値」を吹き込む源泉なのかもしれない。家庭の繋がりを身体的にも精神的にも補強する点で、婚前交渉の禁止は重要な役割を担っている。そのため、人権や男女平等の観点からは「女性によりいっそうの負担を背負わせるものだ」との批判が絶えない。

アハメッドは、一般的に日本人が重視しがちな「結果よりも過程」といった価値観とは相容れなかった。世俗的に発展してきた日本のような社会では、結婚の捉え方は抽象的で、解釈も広ければ広いほど好まれる。そこには実社会が反映されているからだ。アハメッドのように「結婚とはこういうものだ」と一方的に決めつけてしまうことは宗教ドグマだと敬遠される。両者はそもそも物事の捉え方の前提が異なっている。

フィリピンでは、一〇代になれば小学生であれ、早くも恋愛を楽しむことが当たり前になっている。善し悪しはともかく、そこから生じる問題は多い。彼が持つやや宗教に忠実な恋愛観は、変化の著しいフィリピン社会ではいわば「化石」に属する部類で、やはり逸脱し、孤立して見えた。

世間の流れに迎合しないアクの強さを備えるアハメッドも、ここロムロホールでは何の違和感もなく、一員として溶け込んでいた。多文化や多様な価値観を分け隔てなく受け入れてくれる土壌が、ここロムロホールにはある。

フィリピンにてイスラエル問題を考える

イスラエルとの友好関係

その日アジアセンターでは「The Peace Process in the Middle East: Challenges and Opportunities（中東の平和構築――立ちはだかる壁と機会）」という講座が開かれた。いつもの教室が会場となり、設けられた四〇ほどの席はほぼ埋まっていた。会場で、初めて講師が在フィリピン・イスラエル大使館のエフレイム・マティチャウ大使からハダス・ニサン首席公使に変更されたと知る。ハダス氏は本国では有名なチェロ奏者のようで、フェイスブックには今でもチェロを携えた写真が使われている。

当時はまだ過激派組織「イスラム国」（ＩＳ）の勢力が力を持っていたので、混沌とした中東情勢の平和構築について、「当事者の一人」としてどんな話をするのか楽しみにしていた。ちなみに司会者は、授業を受けたこともあるフィリピンで数少ない中東専門家の教授だ。ボクが授業に持参した安物のティーバッグの緑茶をたいそう気に入り、趣味は酒とカラオケという、どこか「庶民的」な人だ。「今日は国軍の基地に寄って来たんだ」と軍服姿で授業をした時にはさすがに驚いた。

フィリピンとイスラエルの関係史を簡単に俯瞰してみると、非常に古くから良好な関係が続いている。アメリカ植民地時代後期のコモンウェルス期（一九三五－四六年）に、フィリピンはナチス支配下のオーストリアとドイツから一三〇〇人あまりのユダヤ難民を受け入れた。それによって現在、フィリピン系ユダヤ人は国内に八〇〇〇人程度いるという。ドゥテルテ大統領の先妻、エリザベス・ジンマーマンの祖父もドイツからの難民だ。また、「国連決議一八一号（パレスチナ分割決議）」によってイスラエルが国際社会から国として承認を得、ユダヤ人が多く住んでいた東欧や欧州などを中心に三三カ国が批准した時、唯一アジアで支持したのもフィリピンだった。そうした親ユダヤ外交への感謝の印として、先進国でシンガポール、香港と並んで、フィリピン人はイスラエルに査証なしで渡航ができる。現在三万人近いフィリピン人が介護福祉士などの職種でイスラエルで働き、巡礼のために毎年一万五〇〇〇人あまりが渡航する。イスラエルから

アジアセンター

も毎年同じぐらいの旅行者がフィリピンを訪れている。

イスラエルの視点

この日の講座の話に戻ろう。一九一六年の列強三国が取り決めたサイクス・ピコ協定によって、オスマン帝国は不自然な直線で人工的に分割されることになった。その結果、クルド人のように国境線をまたいで居住していた民族や、宗教を同じくしていた人々が近隣諸国へと分断されてしまった。現在中東が世界の火薬庫といわれる所以だ。講演はそうした認識で話が始まり、ボクも頷いた。ただ、旧約聖書に則ったユダヤ人の帰還、その後の建国を、当時の宗主国だったイギリス政府が一九一七年に発したバルフォア宣言を根拠に正当化したことには、素直に頷けなかった。長い間イギリス委任統治領だったとはいえ、「長年パレスチナ人が暮してきた土地」という実態が、講師の話には出てこなかった。それは意図的に避けていると言ったほうが正確かもしれない。

一八八〇年代から始まる移民開拓、徐々に高まるシオニズムの潮流のなかで、ナチスによるユダヤ人大虐殺（ホロコースト）や、ロシアでのユダヤ人に対する組織的な略奪、迫害、虐殺（ポグロム）が、世界中のユダヤ財力を駆使したパレスチナの大地での土地取得や移住、国家建設を加速化させた。そして国連による分割決議の承認によって、イスラエルは「国」というお墨付きを国際社会から得たのだった。

講師は、一九四八年のベン＝グリオン初代首相就任直後に起きたアラブ側の反発や武力紛争を、「共存を拒む偏狭な民族主義」だと吐き捨てた。ここらへんから講師の歴史認識は「本来的な被害者であるユダヤ人こそ、他民族との共存を望み尽力を惜しまなかったのに、報われることがない悲哀の民族だ」という考えを出発点にしているとわかった。彼らが「本来的な被害者だった」ことに異論はない。しかしユダヤ人をその境遇に押し込めてきたのは、歴史的にヨーロッパの国々だ。怒りがそちらへ向けられるのなら理解もできる。それなのにどうして、イスラエル建国の過程で土地を奪われたパレスチナや周辺にある中東の国々に向かうのだろうか。人種や宗教差別に根源を持つ問題の解決を、なぜアラブ側やパレスチナ人が背負わなければならないのだろう。

講師は汎アラブ主義をけん引したエジプトのナセル大統領には触れず、一九七三年の第四次中東戦争でイスラエルの敵として戦ったサダト大統領を持ち上げた。それもそのはずで、戦後のエジプト外交は親米、親イスラエルへと変節したからだった。

募っていく疑問

その後、話はノルウェーのオスロでアメリカ大統領ビル・クリントン、ＰＬＯ（パレスチナ解放機構）議長ヤセル・アラファト、イスラエル首相イツハク・ラビンの三者が一九九三年に結んだオスロ合意に飛ぶ。この日の講座のタイトルが、この三者による「和平プロセス」への歩みを指していたのだ、とこの段になって理解した。期待していた「イスラム国」問題まではたどり着かなかった。この後に破綻したオスロ合意が「イスラエルの努力の結晶」であり、「その努力をアラブ側が反故にした」という責任転嫁のような議論の進められ方に違和感ばかり募った。

しかもハダス氏、ところどころに画質の悪いユーチューブの動画を挟み込んでくる。その中にオスロ合意で大統領ら三人がある建物に入るシーンがあった。誰が先に敷居を跨ぐかで互いに譲り合い、クリントンが「それじゃあ」と遠慮なく最初に入る。続いてアラファトが熱心に譲るも、最後まで粘ったラビンの尽力に折れる形で二番目に入っていった。講師はその歴史的シーンを指して、さも感慨深げに解説し、聴衆に同意を求めた。

「本来ユダヤ人の習慣では最後に敷居を跨いだ者は負けを意味する。それなのに、ここではイスラエルが『自己犠牲も辞さない崇高な利他主義的精神』を見せている事実がわかってもらえるだろうか？」と。

大学生だった頃、ジャーナリズムに興味を持っていたボクは、朝日新聞を退社した元記者のクラスを受講した。ある日授業が終わり、彼やクラスメートたちと立ち寄った最寄り駅近くの居酒屋で、彼はイスラエルについて持論をとうとうと語った。その話には「パレスチナ側の視点」が見事に欠落していた。恐る恐るそれを指摘すると、彼はすごい剣幕でボクの「偏り」を正しにかかった。彼はハダス氏に似て、無批判にイスラエルを礼賛し、彼らこそ「同情されてしかるべき苦難の民」だと信じ続けていた。

フィリピン大学では、一時間半の講座時間のうち、講師の話は四五分から一時間、残り時間は参加者からの質疑応答にあてられる。参加者が思い思いの質問をぶつけることで、議論の幅や関心の分野を深められるのは長所といえる。議論の場であっても、相手を立てることはもちろん忘れず、しかし、決してゲストに忖度しない点が、アカデミックで自由な空気を作り上げてきた。

ボク自身、このような場面で質問することはめったにない。でもこの日はそうはいかなかった。というのも、どうにも釈然としなかったからだ。この日、思いきって手を挙げてみたところ、ボクは三番目にノミネートされた。前の二人はイスラエルの今後の展望や外交方針などを尋ね、どちらかといえば当たり障りのない質問だった。続いてボクの番がきた。質問ならともかく、「意見を言わせてほしい」と前置きしたうえで、たどたどしい英語で話した。正確に伝わっていれば、おおよそ次のような内容を話した。

思いをぶつける

「こんにちは。まず今日お越しいただいたこと、そしてご講演に感謝いたします。でもあなたのお話の内容には受け入れ難い箇所がありました。あなたが成果を強調されたオスロ合意、そして政府として行なった数々のプロセスの裏では、正式な歴史として語られない多くの虐殺があるからです。あなたはイスラエル軍のジェネラルを務められ、長くその任にあたっていたと話されました（それから各国の大使館員を歴任し、当時まだ三三歳！）。例えばブルジュシェマリ難民キャンプやサブラ・シャティーラ難民キャンプで起こった事件をご存知でしょうか（どちらもレバノン南部のイスラエルに近いパレスチナ人難民キャンプ）。そうですか、ご存知ありませんか。それではそこで、いったいどのようなことが起きたのか、後でぜひご確認ください。

私は二〇〇二年に「パレスチナ子どものキャンペーン」という日本のＮＧＯ団体の呼びかけに参加し、レバノンのパレスチナ難民キャンプをグループで訪ねました。現地で、もう半世紀以上、祖国パレスチナの土を踏めないでいる人たちに会いました（彼らは銃とブルドーザーによって住んでいた土地を追われ、隣国へ逃れ、周辺国に無数ある劣悪な環境下のパレスチナ人難民キャンプで、国籍も与えられず暮らしている）。イスラエル軍の爆撃によって、シェルターに避難していた大家族五〇人あまりが亡くなった話を彼らから聞きました。彼らは兵士でもテロリストでもありません。人数に多少の誇張はあるかもしれませんが、いずれの人びとも同様の体験を語り、記憶を共有していました。これは消すことのできない事実ではないでしょうか。

先ほど、ロケット砲や自爆攻撃によって亡くなったイスラエル人の統計を見せてくださいました。一〇一三人でしたか？　同時にパレスチナ側の死者がどれほどかをご存知でしょうか。詳しい人数は私も今は持ち合わせていませんが、家に帰ってから調べてみたいと思います。どうかここにいるみなさんもご自身で調べてみてください（例えばアジアプレスの古居みずえ氏は、二〇一四年六月、わずか四週間ほどの間に一九〇〇人が犠牲になった、と報じている）。イスラエル側の死者数のみを示してテロリストの恐怖を語られることには強い違和感を覚えます。

また、第二次インティファーダ（二〇〇〇－〇五年）が起きた時、イスラエル領内へのテロリストによる攻撃が頻発し、恐ろしい体験をしたとおっしゃいました。当然恐かったはずです。あなたたちが与えてきた恐怖が跳ね返ってきたのですから。良識ある日本のメディアでは、インティファーダに参加して石を投げる少年に銃を向けるイスラエル兵の姿が伝えられています。イスラエルの行き過ぎた軍事主義が問題解決の妨げになっていると思いませんか？ まずは歴史を、あなたの国が建国当初から行なってきた歴史を、今一度見つめなおす努力をしていただけたらと願っています」

教養の押しつけ

途中で二度ほど、マイクを渡してくれた教授が話を切り上げるよう促し、会場もざわつき始めていた。でも、〈最後まで言わせてほしい〉と手で合図しながら、なんとか稚拙な言い回しで話を終えた。質問調ではなく内容が批判的で生意気だったからか、もしくは充分通じなかったからなのか、講師はボクの話に無視を決めこんだ。

講師はイスラエルを批判する「西側プロパガンダ・メディア」としてＣＮＮやＢＢＣをあげていた。「これらのメディアの報道が中立からかけ離れているので、いつも取り合わないことにしている」と語っていた。ボクが話した内容も、西側メディアに汚染されたものとして、対話の価値はないとの烙印が押されたのかもしれない。であれば、その「中立」という言葉が意味するものはいったい何なのか。自国イスラエルに対する批判に耳を貸さず、偏向だと切り捨てる。平和構築への自国による貢献を自画自賛し、もう一方の当事者たちの歴史や苦難には目を閉ざしている。

ボクはイスラエルという国を、そこに住む人たちの存在を否定しているわけではない。イスラエル国内にもさまざまな考え方の人がいるはずだ。殺し憎しみ合うことなく共存できる努力を、力を持つ側がもっと積極的に行なうべきだ。ボクはただ、この日のテーマに沿って、欠けた側面に光を当てようと試みたに過ぎない。ボクの後で質問に立ったうちの少なくとも二人の学生が、講師の姿勢に異を唱えてくれた。

その一人はアイバンという青年だ。彼は二〇〇九年にフィリピン大学の学部を卒業後、国内でNGO活動に携わってきた。イスラエルによるパレスチナ政策の問題点をしっかりと、具体例を挙げて批判していた。そんな彼が講座終了後に話しかけてくれ、この機会がボクたちを結びつけた。

ハダス氏は質疑応答の最後に、「フィリピン大学には、こんなにも無教養な学生たちがいるという事実に正直驚いた」と、こちら側も驚くような捨て台詞を残した。講師が期待した「教養」を持ち合わせた学生とは、イスラエル建国を賛美する歴史教育に「なるほど！」と頷き、講演時に上映された、パレスチナの子どもたちが「イスラエル人をみんな殺してやりたい」と語るイスラエルのテレビ番組を見て苦々しく舌打ちをするような人を指すのだろうか。また、ボクが個人的には尊敬してやまない教授のように、折り合わない点はあっても、高尚なテーマを持ち出して肝心な部分を不問に伏すことが「教養」なのだろうか。批判は批判として互いが受け止め、真摯に議論を進めていく姿勢こそ、平和構築への第一歩なのではないだろうか。

このような公の場で発言することにそれまでは気恥ずかしさを感じていた。この時を境に、ボクの中で変化が生まれた。もちろんもっと知識を深めなければいけないし、それを怠ってはならない。ただ、思うことがあるのであれば、とにかく発言を試みることで、周りも考え、何かが動くきっかけになり得るのだ。

建物の外に出ると、相変わらずの暑さが妙に心地良かった。久しぶりにロムロホールに寄ってジョアンと話がしたくなった。

ステーション9

取り締まり前夜

少し前にマルコたちと大酒を飲み懲りていたボクは、しばらく酒のつき合いを断っていた。その間にも唐揚げ屋のサンデーなどから「いつ飲む？」と誘いを受け続けていた。「飲もう」という言葉は一種の挨拶代わりだった。以前、イスラム教徒が多いインドネシアに住んでいたので、ボクにとってはティーであれ水であれ、時間を共に過ごせるのであれば、酒がなくたってかまわない。

バランガイの人びととのつき合いは、主に酒が仲介している。幼少から酒を飲む大人たちを目にして育った若者たちは、「バンディング」と称して酒でグループの結束を図ろうとする。

「酒が入らなきゃ話が盛り上がらない」

「同じグラスで回し飲みをするのは親密さの証」などと彼らは力説する。こうしたフィリピンのバランガイ文化と酒の関係を突き詰めていけば、この国の一〇代での妊娠や子沢山の原因に行き当たるのではないか。

サンデーは当時、ブレーキなしの自転車を難なく乗りこなしていた。彼は朝のうちに自転車で少し離れたスーパーに行き、唐揚げ用の丸々太った鶏を五羽ほど買い、家で適当なサイズに切る。

「一羽が一四から一五切れになるよ。けっこうな量だろう?」

以前唐揚げ屋台で働いた経験を生かして、ニンニク、塩、味の素で彼特製の味付けを施し、小麦粉をまぶしてバケツで寝かせる。一日二回昼前と夕方、家先で揚げるのだ。どの部位も一律一二ペソ(約二五円)で、大きいものから売れていく。ボクも脂身のある首か腿を好んで買った。夜九時頃には残りわずかになる。するとサンデーは「飲み」の席で好まれるブランデーのエンペラドール・ライトを近所で買い、飲みながら一日の疲れを癒していた。

サンデーの妻エレンは以前酒を飲まなかった。サンデー持ち前の「マッチョ」が、エレンの飲酒を認めなかったからだ。それがサンデーと一緒の時だけ飲むようになり、今ではサンデーがいなくても、親しい友達の家で飲むようになった。以来、酒でお腹が出てきて、エレンは二〇代前半にもかかわらず、フィリピンでよく見られる中年太りの体型になってしまった。

売れ残った唐揚げはナイフで細かく切って、エレンの実家から持ってきた辛子と酢を混ぜたシナマック(沖縄の島唐辛子のようなもの)と和えてプルータン(酒の肴)にする。それがなんとも絶妙な味で、ボクは一時病みつきになった。

北イロコス州出身のエレンの父親は、妻の郷里であるフィリピン中部ネグロス島で、三〇年近く農業を営み生計を立ててきた。

「農作業中に異物が目に入って失明してしまったんだ」と彼は片目の視力を失った理由を説明してくれた。

「二〇〇六年に妻が亡くなってからは、この目一つで子どもたちを育てたんだ」

現在はマニラの南、ラグナ市に移り住んだ子どもたちのもとで暮らしている。

時々父親はエレンや孫の顔見たさにサンデー家に滞在する。仕切りもなく狭いひと間の家の中で、いったいどうやって眠るのか気になる。そんな狭い空間で顔を合わせているためか、一週間ぐらいの滞在の間、エレンと父親はよく喧嘩をしていた。

「オレが仕事にあぶれていた時期、義父から『今すぐに仕事を探せ』って包丁を突きつけられたことがあるよ」とサンデーは義父の厳しさを語っていた。

「マニラのガソリンスタンドで働いていた時に、同僚だったエレンと知り合ったんだ。出会って間もない頃は義父やエレンの兄弟たちからまったく信頼が得られなくて困ったよ。しょっちゅう言い争ってたな」

それが今ではすっかり打ち解けているから不思議だ。

義父は日中孫をあやす以外にすることがない。それで一日かけてちびちび酒を飲んでいた。とにかく酒に強かった。彼が飲む酒は伝統的な自家製ココナッツ酒のトゥバだ。唐揚げを売るかたわら、サンデーは昼から酒につき合わされてヒーヒー言っていた。ただ、そうした義父とのつき合いを拒まないのが彼の優しさであり、断らないのが「マッチョ」の掟でもあった。

路上「飲み」が違法になる時代

その日は久しぶりに「家の向かいで少し飲もう」というサンデーからの誘いに乗った。必ず「少しね」と念押しするのに、その希望が叶えられたことはない。外で飲むので、通りすがりの飛び入りが期待されている。人数が増えると結局「足りないな、もう一本行くか」のパターンになる。サンデーの家は店とトイレを含めて三畳ほどのスペースしかない。子どもやエレンが寝ていれば、家族への配慮として外で飲むのは当たり前だ。サンデーも店から離れることはできないので、家の前で飲みながら、常に店にも気を配っている。

その晩はすっかり染まってしまった「フィリピン時間」で三〇分遅れて向かうと、サンデーは向かいの家の前に停まっていたバイクに跨っていた。持ち主はその家のウォルターで、彼は椅子を出し、サンミゲル・ピルセンビールの大瓶を開けていた。ピルセンはボクが好きな銘柄で人気も高い。ただ、「飲み」の席ではよりアルコール度数の強いレッドホースが好まれる。タガイの席にボクも加わった。

強面のウォルターはがっしりした体つきで、二児のパパだ。「かつては船員をしていて世界中の海を回ったぜ」と豪語していた。年齢のためだろうか、そんな誰もがうらやむ高給取りの船員を辞め、カタールのレストランに働きに出るために、代理店を通じて就労ビザを申請していた。その傍らには初期のジャッキー・チェンが映画の中で武器として使ったようなベンチが置かれ、その上に同様のベンチが上下逆さに幾段もオブジェのように積み上げられていた。家の塀に腰かけた少年二人がその上に足を置き、バランスをとっていた。未成年の彼らも「飲み」のメンバーだった。

お気に入りの丸椅子を持参していたボクはウォルターと向かい合って腰掛ける。たちまちピルセンが空き、今度はボクが差し入れた。少年たちに「ビールとポテトチップス、買ってきて！」と金を渡す。持ち合わせのない少年たちは、買い出しをこなして酒にありつく。日頃から家の仕事を手伝っているから自然とそうなるのだ。

通りすがりの顔見知りの女性が、テーブルのビール瓶を見て「今日は警官の巡回があるって聞いたから気をつけてね」と、注意してくれる。「ありがとう」と返しながら、「たかがビール如きで捕まるわけがない」との驕りがその場にはあった。それでも、念のためビール瓶は足元に置いた。

それから間もなく、後方から警察車両が近づいてきた。気づいていなかったので、車両がボクの視界に入ったのは、すでに真横に停車した時だった。それは車両三台に白バイ三台の大掛かりなパトロールだった。ボクは泡立つグラスを握っていた。車内から照らされた懐中電灯の光は、ボクの手元に照準を定めた。ピンポイントでここを目指したかのようだ。

次の瞬間、各車両から警官が四人ずつドッと降りてきたので肝を潰した。白髪混じりのチーフらしい警官が、「ビールだろ?」と有無を言わせず問いかける。まるで「麻薬だろ?」と聞かれたみたいだった。たかがビールなのに、むくむくと罪悪感が湧き起こってきた。ボクたち三人はただただ顔を見合わせていた。

「サー(男性への敬称)、たったビール一本ですよ」とウォルターがひと言呟く。ドゥテルテ政権下では、それだけでアウトなのだった。

以前からケソン市やマニラ市などでは路上飲みは条例で禁止されていた。知識としてはわかっていたが、条例に忠実な取り締まりの話は聞いたことがなかった。毎晩あちこちの道端で飲む光景を目にしていたし、最近飲んでいなかったボクが、まさか今日に限って路上飲酒の罪で捕まるなんて、想像していなかった。

物々しい警官の数に、麻薬の摘発とでも思われたのだろうか、野次馬が集まり、その中には知人もいた。警官はその場で証拠を押収し、強い口調で「車に乗れ」と命令した。乗せられる直前、「どこへ行くんですか?」と警官に尋ねると、「ステーション9」と返ってきた。それはフィリピン国家警察(PNP)のケソン市第九警察署のことで、この地域を管轄にしている。その場に居合わせた友人にさり気なく行き先を告げておいた。きつきつの荷台に三人して押し込まれた。

ステーション9へ

警察署までは車で一〇分ほどだ。静かな車内のラジオからは、今なおカラオケで親しまれているフィリピン人歌手ニーナが歌うライブ版「I love you, goodbye」が流れていた。同乗したチーフの咳払いが、その静寂をたびたび破った。

ステーション9に着くと、ドアが開くのを待った。この日はちょうど、アジアセンターの斜め向かいのバランガイ・パンソールで麻薬の一斉取り締まりが行われていた。女性一人を含む一五人が捕まり、それで玄関付近には人だかりができていた。バランガイスタッフや警官、逮捕者や家族でごった返していた。

その時、もう一台の車両から威勢のいいあんちゃんと、でっぷりしたおっちゃんがビール瓶を手に降りてきた。麻薬で捕まった者たちの間を縫うように、酒で捕まった

アノナス市区にあるステーション9

その二人とボクたちは署内に入った。手錠はされていないので、ただの訪問者みたいだ。ロビーの一角に並んだ椅子に「座って待ってろ」と命じられた。そこは半裸の男たちがわさわさしている留置所の真向かいで、男たちからもろに視線を注がれた。

留置所の男部屋には、トイレを含めた一〇畳ほどのスペースに二五人ぐらいが押し込まれていた。就寝前の点呼だろうか、警官が留置所に入っていった。警官がいるから外側の鉄格子は開けっ放しだ。留置所側の鉄格子の扉が開き、班長だろうか収監者が二人、手錠なしで出てきた。ノートを手にした警官に何やら報告をしている。ロビーには、私服に着替え、歯を磨いている就寝前の警官と、ボケーッとテレビを眺めている門番しかいない。パンソールで捕まった人たちは別室に連れていかれたようで、ロビーは閑散としていた。

こんななか、ボクは集団脱走のシミュレートをしていた。班長二人が点呼する警官をねじ伏せ、腰に掛かる鍵を奪い、ドアを開けて全員が逃げ出すことは可能に思えた。フィリピンでは刑務所脱走のニュースがしばしば流れる。その理由の一端がなんとなく了解できるようでおかしかった。

留置所の鉄格子に手をかけ、男たちは暇つぶしにこちらを眺めていた。ボクたちが座る椅子の横には、木製の粗末なテーブルの上にビール瓶と中身が入ったグラスが置かれている。おそらく「酒を飲んでいただけ」とは誰も想像しなかっただろう。酒が原因で喧嘩か何かやらかした、と考えるほうが合理的だ。突然、門番の正面にある長椅子で寝ていた中年男性が、「オエー」と吐き始めた。床に液体を撒く音が警察署内にこだまする。すると留置所の男たちも次々とそれを真似て「オエー」と声をあげた。すぐにモップを手にした警官がやってきて、眠りこけた男性を苦々しく睨みながら掃除をした。

白髪のチーフから「お前ら、二階に来い」と声がかかった。ギシギシ鳴る階段を上ると、たくさんの部屋があった。まるで古いペンションのようだ。入るように言われた一室はギンギンに冷房が効いていて、タンクトップと短パン、サンダル姿だったボクは先が思いやられた。パソコンに向かっている警官が一瞬チラッと顔を上げ、再びパソコンへと目を落とした。仕事に一心に打ち込んでいて、その後はこちらに何の関心も示さなかった。

乱雑に置かれた椅子に座ったボクたちは、することもなくそれぞれ話し始めた。ボクは反省している態度を示そうと極力黙っていた。こういう時に場を気にしてしまうのは日本人だからだろうか。サンデーとウォルターも多少声量は落として会話していた。一方、もう一台の車でやってきた例の二人組は遠慮も何もなく、いきいきと話をしていた。酔っぱらっているのは一目瞭然だった。時間とともに酔いに勢いがついてきている。彼らはあたかも酒場にいるかのようにくつろいでいた。彼らは、すぐ隣のバランガイ・ボトーカンの路上で捕まった。

「それにしてもバカだよ、あいつ。逃げちまうんだもん。きっと追われてんじゃないか」

どうやら仲間がもう一人いたようだ。

しばらくして三〇代半ばの刈り上げ頭でやや人相が悪いほうのあんちゃんが、突然ボクに自己紹介をしてきた。「オレはビンセントだ」。彼はボク個人に興味はないようで、名前すら聞かない。それをきっかけに二人の会話に強引に引きずり込まれてしまった。騒々しい輪に加わったことで、警官が誤った印象を持たないか心配になる。それで神妙な表情のまま、相槌を打つだけの完全な聞き役に徹するも、話にどんどん惹かれていった。

ビンセントは「オレのおやじは昔ここに勤める警官だったんだ。今頃階下で後輩たちに話をつけてるはずだ」と豪語していた。

「おやじはこの部屋にいたこともあるし、あの階下のゲイ警官はかつての部下だ」と、やけに態度が大きい。低い仕切りの向こうには作業中の警官がいるというのに、と一人ボクはハラハラしていた。そこには、あまりに素でいる彼に対し、「同じ空気」の共有を求めようとするボクがいた。

もう一人のおっちゃんにはすぐに共感できた。警官が休憩に入ってきている時だった。「たかがビールで捕まえやがってよ」と声がいっそう大きくなる。警官も笑みをもらす。おっちゃんはあっけらかんとした調子なので一緒にいて楽しくなる。彼の素朴さは誰もが理解できる気がする。その半面、ビンセントにはコネクションを盾に力を誇示するいやらしさがあった。

おっちゃんは焼き鳥の屋台を営んでいる。その晩は通夜の客に焼き鳥を売っていたという。

「ビンセントと、もう一人名前は知らない顔見知りの男とその場の流れでけっこう飲んじまったんだ。警察が来たからって、店を置いて逃げるわけにゃいかねえもんな。まさか酒で捕まるなんて思わねえし……」と話が感傷を帯びてきた。

「オレには子どもが三人いてよ。下の二人はまだ高校だけど、長男は焼き鳥の仕事一本で大学までいかせたんだ。もちろん、下の二人だってそうしてやるつもりさ」

ビンセントとは背負って立つものが違う気がした。彼の人の良さはその場にいた警官にも伝わったはずだ。

日本人だとバレて

ようやく担当者が決まったのか、書類を手にした二人が入ってきた。サンデーがまず呼ばれる。「この文書を読め」と指示を受け、次にサインを求められていた。それから名前、年齢、住所、職業、家族構成、今夜の状況の聴取へと移った。同時進行でウォルターが別途呼ばれる。無関心な酔っぱらいたちは背後でペチャクチャしゃべり続けていた。

サンデーの調書作成は五分ぐらいで終わり、続いてボクに目が向けられる。警官と向かい合って椅子に座ると、サンデーがやってきて「サー、彼は日本人です」と小声で伝えた。それを聞いた警官は途端に動揺し始めたように見えた。急に片言の英語で尋ねてくる。

「アー・ユー・ジャパニーズ？」

「イエス、アイ・アム」

その後が続かず、タガログ語に戻して「なんで日本人がここにいるんだ」と明らかに戸惑っていた。

「とにかく、ここに書いてある設問に答えて」という指示通り書類に書いて渡した。「お前は賢いな」と呟いている。職業欄に学生と書いたからだろうか。それとも外国人に何か引け目があるのだろうか。ボクは気になっていたことを聞いた。

「入国管理局やＮＢＩ（国家情報局）の管理データに、ボクの犯罪歴が残るのでしょうか？」

「いや、ここに〈シークレット〉って書いてあるだろう。ステーション９内で閲覧されるだけだから大丈夫だ」

この回答にボクはホッとしていた。こんなことで強制送還や入国拒否なんてことになるのは御免だった。

書類に取りかかっていると、白髪のチーフが入ってきた。先ほどの警官が「彼は日本人です」と報告すると、チーフのあからさまに怪しむ表情とぶつかった。

「ここで何をしているんだ？」

「学生です」

「学生証かＩＤはあるのか？」

「あります」

慌てて財布を取り出し、彼らが見つめる面前で開いた。財布には一〇〇ペソも入っていないのがバレてしまった。しかも肝心の学生証が入っていなかった。その頃、フィリピンで「イスラム国（ＩＳ）」を名乗るアブサヤフからフィリピン大学に爆破予告が送られたため、一時的に大学のセキュリティーが厳しくなっていた。学内に入る時は常にＩＤを首から下げていなければならず、大学で使うバッグに入れっぱなしにしていた。そもそも外国人はパスポートやＩＤの常時携帯を義務付けられている。

「やっぱりありませんでした」

「どこの大学だ？」

「フィリピン大学です」

「専攻は？」

「大学院でフィリピン学を専攻しています」

「はっ？」と理解しかねているので、

「フィリピンの歴史や社会、政治、文化に関しての研究です」と付け加えて次の質問を待った。

チーフはしばらく考え込んでから、ボソリと「やめとこう、支障が出かねない」と言った。そして「何も書かないでいい」とボクの書類を回収してしまった。

何事もなく

この「支障が出かねない」という言葉の意味をいまだに考えている。例えば警察署そのものへの支障。ボクに対する措置により日本とフィリピンの間で外交問題に発展するという支障。もしくは、ボクがフィリピンでこの先も平穏に学生を続けていくことへの支障。なんとなく最後の支障が一番的を射ている気がする。

調書を取った警官は「心配いらない」と答えていたものの、チーフがいう支障にリアリティーが感じられた。ボクの記録は廃棄され、なんらかの支障から救われた。ならばサンデーたちには支障とやらはないのだろうか、と考えてしまう。彼らは純粋に「良かったな」と喜んでくれた。支障が外国人ならではのものであったらと願っている。

自分だけ特別扱いされたことに戸惑いつつ、チーフの寛大な配慮にはとても感謝した。立場が弱い外国人に対する人間味のある配慮だったと今では思う。

署に着いてから約二時間、ようやく帰ることが許された。

階下に降りながら、サンデーが「ストリップに寄ろう」と妙なテンションで誘ってくる。すると階下にはサンデーの妻エレンや、バランガイの友人たちが長椅子で待っているではないか。妊娠六カ月の友人の姿まであった。エレンと目が合ったサンデーは途端にバツの悪そうな表情になる。さっそくエレンがサンデーをなじり始める。彼らは心配して来てくれていたのだ。「殴られなかった?」と顔を覗き込む。彼らの常識では、警察署は何が起こるかわからないブラックボックスなのだ。

「車で連れてきたんだから、送り返してくれりゃいいのによ」と例のおっちゃん。

「カミさんは心配なんかしてくれないよ。帰れば怒鳴られるに決まってる」

足元をよろつかせながらビンセントは、「オレん家に日本刀があるから今度見に来いよ。そんときには一緒に飲もう」と、すでに飲むことを考えている。トライシクル乗り場でビンセントとおっちゃんとハグを交わし、別れた。

帰り道、行きつけの美容サロンに寄ると、偶然にも親しい友人が集まっていた。流れのままに店内の「飲み」の席に加わる。「酒なんかで捕まるやつは初めてだ」と希少生物を見るような扱いだった。

翌朝、バランガイの通りを歩くと、「お帰り」や「昨日はどうだった」と声がかかる。チスミス（噂話）が好きな近所の人たちは、すでに昨晩の情報を共有し、ボクたちの二の舞にならないよう「防衛線」を敷き始めていた。

ベイビーイスマエル

特別な存在

イスマエルがこの世に生を享けて一年が過ぎようとしていた。いつも何かに驚いているような大きな目と穏やかな表情には、両親の特徴が表れていて微笑ましかった。

アパートの階下に住む彼らの部屋の前を通るたびに、玄関前の明るい陽射しのもと、母親の腕の中で日光浴している姿をよく目にしていた。ボクが「ハイ、イスマエル！」と声をかけると、まん丸の興味津々の目をこちらに向けてきた。

イスマエルの母親はかなり気難しい人だった。イスマエルが生まれる前は、電気代や水道代のこと以外話をした記憶がない。アパートの住人が上り下りする階段に部屋が面しているので、覗き込まれるのを気にしてか、扉はいつも閉じられていた。戸を閉める音が「ピシャン！」と強烈で、まるで何かに怒っているかのようだった。かつては、「中学生」になった娘と小学五年生の息子が宿題のことで叱られる声や泣きわめく声に、行き過ぎた教育ママの印象を持っていた。

そんな彼女が打って変わって突然穏やかになった。それは三人目の赤ん坊イスマエルが生まれてからだ。あの母親がここまで変わるものかと正直驚いた。玄関先で赤ん坊を抱き、「おはよう小鳥さん、お空さん、ベイビーイスマエルはここよー」と赤ちゃん言葉であやしかける姿が日常の光景になった。

イスマエルは全身が浅い夕焼けに近い黄色に染まっていた。それは肝臓に異常があるための黄疸だった。そして肝臓の異常が原因なのか、腹部に膨張が見られた。大きくなったお腹には何らかの液体が溜まっているようで、服のボタンが閉まらず、ポコンと突き出たお腹の中央にあるへそが印象的だった。張り出した腹部は小さな体を必要以上に圧迫し、うつ伏せも寝返りも難しく、仰向けでいてもお腹の重みで苦しそうだった。頻繁に口をパクパクさせ、できるだけ多くの空気を取り込もうと懸命な努力をしていた。呼吸は無意識になされるものと思い込んできたボクは、その当たり前の行為自体が、イスマエルにとっては並々ならぬ努力を必要とするのだと気づかされた。

くわしい病名は何度か聞いたが覚えられなかった。とにかくイスマエルは難病に罹っていたのだ。「この病気の子どもは一万五〇〇〇人に一人（日本では一万人に一人という）で、治療方法は肝臓移植しかない」という。ただし、こんな小さな赤ん坊の体を開いて臓器を移植しても、「生存確率は五〇パーセント」と両親は聞かされていた。しかも手術費用は恐ろしく高額で、「四〇〇万ペソ（約九〇〇万円）」かかるという。かなり裕福な家庭でない限り、とてもじゃないけれどそんな額は払えない。中間層といえる彼らでも、学齢期の子どもがすでに二人いるなかで、イスマエルの診察代や毎日の薬代を払うだけでも精いっぱいだ。

「フィリピンでは、この病気に罹るとほとんどなす術がなく、ただ子どもの死を待つだけだ」という。ところが彼らは「なんとしてでもイスマエルに手術を受けさせて、一人前になるまで育て上げたい」と諦めなかった。

それまで難病を抱える子どもを持つ家族の苦境と無縁だった夫婦は、暗中模索の中でさまざまなルートに働きかけ、資金集めを始めた。

彼らはまず、イスマエルの可愛らしい写真をプリントしたマグカップやTシャツを考案、業者に発注して、フェイスブックを通じて身近な人たちや理解を示してくれる人たちに購入してもらうことにした。そのうえでドイツやアメリカなどいくつかの基金に、イスマエルの病状と苦境をしたためた手紙を送り、寄付を願い出た。また、関心を示してくれるメディアに積極的に働きかけて社会に広く理解を求め、支援を募っていった。さらに、海外在住の身内が多いフィリピンでは、親族のネットワークを使えば国際的な繋がりになる。イスマエルの家族はアメリカに住む親戚や友人にも援助を頼んだ。

イスマエルを助けたい

「ドゥテルテ大統領就任以前は、自治体の要職に就く人が、こうした場合個人的にお金を貸してくれる仕組みがあった」とイスマエルの父親は語っていた。ルソット（抜け穴）と呼ばれるものだ。それが現在では政治家や大臣であっても、そうした行為によって役職や職を失う時代になった。犯罪に対して「目には目を」をモットーとするドゥテルテは、閣僚や役所など自ら指名した身内の不正にも厳しい。それは評価されてしかるべき部分だ。ただ、本当の身内（家族）への疑惑に対しては、追及がゆるく庇う姿勢まで見せるので、そこには一貫性がない。

もちろん汚職や賄賂が完全になくなることはないとはいえ、なくす努力を怠ってはいけない。一方で個人的な便宜で助けられた人も現実にはいる。そうした困っている人たちが頼れる公のシステムが制度として整わないまま、寛容さのないゼロトレランスでは社会が行き詰まってしまう。

ドゥテルテは市長の時から、一五歳以上への刑法の適用を九歳まで引き下げるよう発言してきた。大統領になってからは、麻薬所持や売買のみならず、汚職や不正、車の窃盗という犯罪へも死刑を適用しようと画策してきた。さすがにそれは常軌を逸しているとの批判が上がり、下院を通過する段階で、死刑については麻薬所持（五〇〇グラム以上のマリファナ、一〇グラム以上のコカイン、ヘロイン、エクスタシー等）と、麻薬に絡んだ犯罪行為に限定する修正が加えられた。修正案は、レイプや殺人といった凶悪犯罪が極刑の対象から外れ、「麻薬戦争」ばかりを前面に押し出しただけの、なんとも矛盾した内容となっている。上院の通過にはさらに難航が予想されることから、プロボクサーで上院議員のマニー・パッキャオは、死刑復活を犯罪抑止力とする前近代的なドゥテルテ式の思考を踏襲し、下院修正前の死刑法案を再提出する構えでいる。ボクは死刑制度と犯罪抑止力の関係にはハナから疑問を感じている。

カラー・マニラという、毎年一月に行われる一風変わったマラソン大会がある。ゆるい繋がりや目的を共有した参加者が揃いのTシャツを着て走り、色付きのパウダーを塗ったりかけ合ったりするものだ。そのTシャツ購入費用の一部がイスマエル基金に充てられることになった。

テレビ局GMAも病室まで取材に訪れ、全国放送でイスマエルの姿が流れた。一所懸命に呼びかけを行う夫婦の活動に胸を打たれた協力者も現れ、「手術費用のいくらかを病院宛てに送りたい」という善意のオファーを得た。さらに海外基金からも手術費用の一部を援助したいと返事が届いた。医者は年内の手術を勧めていた。もちろん費用が工面できなければ手術には踏みきれない。奇跡的に費用の目途が立ったのは年を越してからで、三月中にはなんとか手術に漕ぎつけられそうだった。

家族は言葉が通じ、精神的な負担も少ないフィリピン国内での手術を希望していた。ところが、フィリピン国内の病院は「体重が一〇キロに満たない乳幼児の手術は危険が大きい」と、この段になってリスクを回避したいがため、断わりを申し入れてきた。

誕生から一年近くが経ち、あのふっくらとしていたイスマエルはすっかり痩せてしまった。それでいてお腹だけボコンと膨らんでいるのが異様に映った。結局、海外以外に道がなく、最終的に費用も半額の二〇〇万ペソで抑えられるインドで手術を受けることになった。

小さな命の闘い

先進国の患者が途上国で比較的安く手術を受けるケースは多い。フィリピンでも歯の治療をリゾートパッケージに組み込んだ医療ツアーがある。アロヨ政権中（二〇〇一－一〇年）には、腎臓移植手術が格安でできると海外の患者を積極的に呼び込んでいた。そのためマニラ市を流れるパシッグ川の河口の広大なスラム、バセコ地区では、臓器売買ビジネスが社会問題化した。左右一対ある腎臓の一つを売って日々の生活費を工面する人が急増したからだ。イスマエルのケースでは、一つしかない肝臓を健康体から買い取って移植するわけにはいかない。もちろんインドという格差社会のなかで、亡くなって間もない乳幼児の肝臓を探すことには別の重みが加わる。仮に倫理的な部分に目をつぶっても、移植希望のリストに登録して待たなければならず、早急に見つかるとは限らない。そうした要素をすべて考慮に入れて、手術の運びに至ったことは奇跡に違いなかった。

両親、そして兄弟が、「家族の一員であるイスマエルを救おう」と、消えかけた一つの小さな命を助けようとする熱意が、岩石だらけの大地に一本の道を築き上げた。そしてインドに向かうチケットを購入し、現地の病院との詳細なやり取りを果たし、出発日を待つだけとなった。

一歳の誕生日を迎えたイスマエルは、その二週間ほど前からかかりつけの病院に入院していた。喉に通していた管に血が混じり、心臓発作を起こしたのだ。初めの三日間を緊急患者として過ごし、数日単位で入院を延長していた。それでもイスマエルは頑張っていた。薬の効果が赤ん坊には強すぎたことが発作の原因ではないかと疑われた。

誕生日の日、イスマエルの姉がイラスト入りの長文の手紙を読んで聞かせ、枕元に置いてプレゼントした。病院の医師や看護師たちもイスマエルのこの間の奇跡的な闘いぶりを祝福しに病室へと集まった。全身を管につながれながらも、イスマエルは始終ご機嫌で、仰向けの姿勢のまま得意な手足の屈伸運動を披露して来客を迎えていた。

翌朝、イスマエルはいつも通り母親と「会話」を交わした。大きな目でじっと母親を見据え、まるで未来のありとあらゆる可能性を紡いでくれている母親に感謝を示すかのようだった。しばらくして再び管に血が混じっているのを見つけた母親は、あわてて看護師を呼びに走った。看護師も事態の重大さを確認してすぐに処置を施した。にもかかわらずイスマエルの意識がスッと遠のき、しばらくして呼吸が停止した。一歳と一日というあまりに短い命だった。

仮にイスマエルの手術が成功していても、半年から長くて数年、延命できただけかもしれない。過去のケースがそれを示していた。イスマエルの両親はそれを理解しながらも、なんとしてもこの小さな命を守りたいと必死だった。たとえ半年であれ、家族の一員として共に過ごせるのであればと決して諦めず、少しも譲歩しなかったからこそ、不可能が可能になる一歩手前までできていたのだ。

イスマエルがくれたもの

ボクがイスマエルの突然の死の連絡を聞いたのは、その二日後だった。家族がしばらく家を留守にしていたので気になっていた。締め切りのレポートを大学に提出し、急いでイスマエルの通夜に向かった。通夜はコモンウェルス大通りに面した葬儀場でひっそり行われていた。なぜか「ダニエル」という上の息子と同じ名前の小部屋がその会場になっていた。写真の中のイスマエルはふっくらしていて見慣れた姿なのに、目の前の柩に横たわる遺体はまったく別の赤ん坊のように痩せていて、とても小さかった。揃えた前髪を撫でつけ、小さな黒のタキシードに可愛らしい蝶ネクタイが結ばれていた。苦しげな表情はそこにはなく、凛々しい人形が目をつぶっているようだった。

イスマエルの両親の表情には明るさがあって、思ったよりさっぱりして見えた。それでも訪問者との話の最中、時折母親は涙ぐんでいた。

フィリピンの通夜の期間はまちまちで、だいたい一週間ほど続く。日中でも夜でも訪問者の都合次第で弔問ができる。家族も死者を一人にすることはなく傍らで眠る。そこで、普段無口な父親から、この間の経緯を詳しく教えてもらった。

「携帯に録画してある入院中の点滴や管が通された息子を見ると今でも辛くなってしまう」と話す

父親の横から、母親が「ビデオ見る？」と訊いてくる。戸惑いながらも携帯に撮りためてあったビデオや写真を見せてもらった。そこには、一緒にベッドに寝そべった父親の指を握って離そうとしないイスマエルの姿があった。息子の横で添い寝をする笑顔の父親、そうした場面を見ながら目頭が熱くなるのを感じた。

お盆に載せられたジュースとお菓子をいただき、イスマエルの柩の前でしばらく座っていると、一家が通う教会の神父さんが奥さんと一緒に訪ねてきた。そのアメリカ人夫婦は温かな雰囲気にあふれていた。

「実はこの神父さんがアメリカにいる知人に頼んでイスマエルの特効薬を手に入れて、無償で提供してくださったの。本当に素晴らしい人なの」と母親から紹介される。

「だいぶ前だけど名古屋のキリスト教伝道師仲間を訪ねて日本に行ったことがあるよ」と気さくな神父は話し始めた。

「二〇〇四年にケソン市へ来たことがあるけど、神父として伝道を始めたのは二年前さ。二人の子どもはとうに成人して、とっくにアメリカで家庭をもって暮らしているよ」

フィリピンでの生活にすっかりとけ込み、夫婦揃ってフィリピンで余生を終える覚悟でいるそうだ。ボクが大学院でフィリピン学を学んでいると話すと、身を乗り出して「そこで私も勉強したかったんだ。いずれ入学するつもりだからよろしく」と言う。

「ぜひ実現されることを祈っています。アーメン」

彼のミッションについて尋ねた辺りから、話が宗教世界に飛んでいき、「私がこの身と人生をお告げに賭けようと決心した理由を聞きたいかい?」と話は止まらなかった。さっきまで故障していた冷房がいつの間にかギンギンに効きだし、半袖と半ズボン、サンダル履きのボクは寒さに震えた。

イスマエルの姉が綴った今は亡き弟の誕生日の手紙には、「あなたが私たちの希望であり続けてくれている」と書かれていた。イスマエルは亡くなってしまった。それでも家族は、イスマエルへの思いや、彼を助けようと励ましてくれた周囲からの思いを胸に、今後を生きていくに違いない。

それから四〇日が経った。こちらの四九日に当たるその晩、家の玄関前に小さなキャンドル数本が並べられ、火が灯されていた。部屋からは母親のむせび泣く声が聞こえてきた。

一年近く経った頃、家族には可愛くてやんちゃな、白黒の横縞模様の犬が加わった。家の玄関が開いていると、勢いあまってボクの部屋にまで飛び込んでくる。そのたびに父親に叱られてすごすご帰るも元気いっぱいだ。そして、母親はすでに新たな命を身ごもっていた。

セシルがやってきた

爆音鳴り響くサロン

セシルと会ったのは、行きつけの美容サロンで開かれた恒例の「飲み」の場だった。その席にはサロンのオーナーであるイドルとその旦那、友人たちに加えて三人の新顔がいた。その一人がセシルだ。

イドルはいつも爆音で音楽をかけるのが好きだ。オレンジのスポットライト風の電灯に照らされた店内は、夜になると小さなディスコに様変わりする。彼女はその中でスラングやゲイ言葉をマシンガンのように繰り出すので、ボクの耳には彼女が話す内容はあまり届かない。それでいつも寡黙なイドルの旦那と一緒にボーッとしていた。

セシルは二七、八歳ぐらいに思われた。髪が長いわりに見た目は男っぽい。イドルなどはゲイを意味する「バクラ」と呼んでいた。この「バクラ」という呼称はゲイの当人を指す本来の使い方から汎用され、女同士が互いを呼び交わす場面でも使われている。でも、場面によっては差別語にもなる。

フィリピンの歯医者は虫歯があれば遠慮なく抜いてしまう。たった五〇〇ペソの治療代で済むので、フィリピンには歯がない人が多い。特に低所得者層の間にそうした処置が広がっている。セシルの前歯も二本欠けていたので、彼女にはどこか滑稽な印象があった。

控えめなセシルとは対照的に、強く印象に残ったのはジャックだ。ジャックは妹と知り合いのセシルを伴い、久しぶりにその晩イドルを訪ねていた。当時仕事にあぶれていたジャックは、飲んだ翌日からセシルと共にそのサロンで働き始めた。バーやサロンを転々としてきた人生経験豊富なジャックはとにかくお喋りで、同じくお喋りのイドルと競い合うかのようだった。ジャックが主導権を奪うと、イドルは「なんだか酔っちゃったみたい」と口数を減らし、しまいにその場で眠りこけてしまう。反対にイドルが主導権を握ると、ジャックはすぱすぱタバコを吸い出し、「体調が悪くなったから」と家に帰ってしまう。似た者同士のためか、長く一緒にいるうちに、彼女たちの「冷戦」構造がボクにも少しずつわかり始めた。

一カ月ぐらい経つと、ジャックはチビチビ貯めた給料をはたいて、フィリピン大学内のバランガイで小さな屋台を開いた。そこでサンドイッチやフライドポテトなどを調理して売り始めたのだ。授業帰りに屋台へ立ち寄るうち、ジャックとは飲む間柄になった。一方、セシルはジャックが辞めた後もサロンで働き、いつのまにかサロンの一階で寝泊まりするようになっていた。

ジャックの悲しい事情

そんなジャックが最近まで数年間同棲していた相手は、ボクたちが知り合う二カ月前、麻薬売買に関連して捜査を受けた際に「抵抗した」という理由で射殺された。撃ったのはボクが路上飲酒で連れて行かれたステーション9所属の警官たちだった。

ジャックには子どもが三人いる。高校生の長女はジャックがわずか一七歳で産んだ子で、とうにその父親とは別れている。その下に聾唖者の息子がいる。本当は小学六年生なのに聾唖専門の教師不足でいまだに二年生だった。この息子とその下の娘は長女と父親が違う。下の二人の父親は今でも子どもを訪ねてくる。亡くなったジャックの「旦那」とも杯を交わしていたという。

イドルたちとジャックの家で飲んでいる時、壁に貼ってある今は亡き継父が上半身裸でギターを構えている写真を息子が指さした。ボクの腕をつついて、母親の携帯電話に残る遺体写真を見せてくれた。警察署の安置所の鉄製で無機質なテーブルに横たわる亡骸には、「無抵抗」を示す印が刻まれていた。処刑を思わせるように、こめかみと額が見事に撃ち抜かれている。警察による説明は「逃げようとしたので、やむを得ず射殺した」というものだった。

「旦那がここ数年覚せい剤（シャブ）を売っていたのは本当よ。でも、そんな殺されるほど大物の売人なんかじゃない。ずーっと小物。それで家族五人の最低限の生活が成り立ってきたの。彼も私も高校すら出られなかったから、まともな仕事に就けるわけないのよ。ほかにどうやって生活したらいいの？　私はドゥテルテの理想は理解できるし、応援してきた。でもね……」

熱烈なドゥテルテ大統領支持者のイドルを前にしているからだろうか、ジャックは言葉を濁した。その頃はまだ大っぴらにドゥテルテに異を唱えることを憚る空気が強くあった。事件のショックがもとで三人の子どもたちは一年間学校を休学してしまった。

旦那の一周忌を迎え、ジャックがパンガシナン州にある彼の実家へ墓参りに行くというので、ボクも付き添うことにした。高校休学中のアンに好意を寄せる、テレビでモデルをしていたイケメン君が父親のバンを出してくれ、それに同乗した。

途中から乗ってきたメンバーに、チノイ（中華系フィリピン人）の女性がいた。短髪というより刈り上げに近い髪型で、おしゃれには無頓着な様子だった。彼女は中国人の両親のもとにフィリピンで生まれた生粋の中国人で、中国語はペラペラだった。「中国人の顧客とやり取りする貿易関係の仕事に就いてる」と愛想なく話した。でっぷりと太っているせいか、とにかく汗っかきで、「イニェット（暑い）！」と二泊三日の滞在中に一五回は水浴びをしていた。夜大勢で飲んでいるとフッと消えるので、「どこに行った？」とみんなで耳を澄ませると、屋外の水場から音が聞こえてくるのだった。

この女性がどうして一緒に同行しているのか機会を待ってジャックに聞いてみた。

「もともと旦那の顧客で、葬儀の後に家まで訪ねて来たの。それにね、彼女は旦那の恋人だったみたい。二人で一緒に飛んでたんじゃない？」

「旦那の恋人……？　それでかまわないの？」

「彼女もお墓参りしたいって言うから、断るわけにはいかないでしょ、いまさら」とジャックは平気な顔をしている。

古い木造の旦那の実家には年老いた母親が住み、その隣近所に息子や娘たちの家々があった。どの家でも犬や鶏、ヤギなど家畜を飼い、のんびりとした生活をしていた。寝室の床の隙間から、床下で眠る黒豚が見えたのにはちょっと驚いた。

母親は殺された息子のことをとても可愛がり、いつも気にかけていたそうで、「ドゥテルテのしていることは間違っている」とやり場のない怒りを表情に滲ませた。

「彼が殺しているのは本当の犯罪者なんかじゃない。生活に追われ、それをわずかな糧にして家族を食べさせていた人たちなんだ。家族思いの人たちなのに」という言葉には重みがあった。

ボクも、たとえ売人であろうが、麻薬そのものが死に値する罪とはどうしても思えない。かつてネグロス島シパライ市を旅行した際、バランガイホールの壁に記されていた言葉を思い出す。そこには「SAVE THE USER JAIL THE PUSHER（麻薬使用者を救い、売人は刑務所へ）」とあった。少なくとも「使用者を保護の対象にしろ」と政府機関のバランガイが発信するのは非常に勇気がいることだ。この「救え」というのは、麻薬使用者を中毒の程度にかかわらず患者として扱おうとする姿勢だ。それは今までの政権が取ったアプローチというよりも、二〇世紀初頭からの研究豊富な欧米に広く根づく考え方だ。

ドゥテルテはコロンビアやメキシコなど中南米に対するアメリカの過干渉な政策や、タイのタクシン元首相による「麻薬戦争」といった失敗に学ぶことなく、再び一線を越えてしまった。もちろんこうした強硬な姿勢は何もフィリピンのみの特殊な事情ではない。ＡＳＥＡＮ諸国や中国、アジアには麻薬を大罪扱いする土壌がいまだに生き残っている。

実家のそばのハイウェイ沿いにある小山の上に旦那が眠る墓地はあった。それは未完成で、白い石の柩の表面に黒インクで名前が書かれただけで、文面を刻印した石碑もない簡素なものだった。

「私も彼の家族もお金がなくて、まだ仕上がってないの」とジャックは悲しげに呟いた。小さい蠟燭を灯して祈るジャックの頰に、幾筋も涙が伝った。

セシルとの同居

セシルの実家はフィリピン大学のすぐ向かいにあるバランガイ・パンソールの中にあり、小学校低学年の娘はそこで暮らしていた。目と鼻の先にある家にどうして帰らないのかと不思議に思っていたボクは、サロンで手が空いた彼女に尋ねてみた。少し間を置いて、やがて彼女は話し始めた。

「麻薬常習者で売人の夫は、私たち家族のことが心配でドゥテルテ政権になってから身を隠しているの。少し前に夫がシャブを流してもらっていた売人が捕まったから、いつ警官が家に来るとも限らないでしょ。家にはいられないのよ」

そんな状況なのに、小学生の娘はいまだに実家で暮らしている。警察が彼らに危害を加えることはないのだろうか、と疑問が残った。

その頃セシルとイドルは少しギクシャクし始めていた。それでサロンに寝泊まりしづらくなったのだろう。セシルから「家に泊めてほしいの……」、と打診があった。フィリピンでは気軽に知人の家に転がり込むことは日常茶飯事だ。ボクの所にも地方から出てきた知人がよく泊まる。セシルは特に仲のいい友人でもないので、できれば断りたかった。イドルは「セシルにはしばらくどこかに移ってもらいたい」とボクをあてにする始末だった。

二人の不協和音の原因が何かはボクにはわからない。ともかく、「しばらくの間」という言葉を信じて、自宅の玄関脇にある本棚の前を彼女に提供することにした。後は寝室だけなので他に場所がなかった。彼女には持ち合わせがほとんどないらしく、食事を作った時は余分に残しておいたりした。セシルは毎朝一〇時頃に起きてサロンに出かけた。昼過ぎに一度家に戻り、買ってきた食材と冷蔵庫のあり合わせで適当に食べていた。サロンの夜はいつも遅かった。一〇時に閉めても、終了時間はお客さん次第でまちまち、それから「飲み」が始まり、子どもに会いに行く様子はなかった。

ある時セシルが「ステーション9に留置されている地元の女友達を訪ねたい」と言うので、ボクも同行した。麻薬で捕まった女友達は、女子刑務所に移ってしまって会えなかった。その後「実は兄もシャブでケソン市刑務所に入っている」と聞き、「面会する時にはついて行きたい」と頼むと、「わかった」と快諾してくれたものの、刑務所から家族以外には面会許可が下りなかった。

熱心にサロンで働き一見模範的だったセシルが、ある晩サロンを後にしたまま帰らなかった。時々夫と連絡を取り合っていたのは知っている。それで、もしかしたら夫に会いに行ったのだろう、とのんきに考えていた。

翌日、セシルはサロンを無断欠勤した。個人経営で厳しい決め事などないとはいえ、マニキュアには時間がかかる。イドルは「人手が足りない」と困っていた。携帯に電話をかけても、呼び出し音が鳴り続けるだけだった。

次の日の昼頃にまるで何事もなかったかのようにセシルはサロンにひょっこり顔を出し、仕事を始めた。夜、家に帰宅した彼女は「なんだか眠れそうにないの。一杯飲まない?」と誘ってきた。お金がないのは承知しているので、代わりにビールを買いに出て、ついでに友人を誘った。そうして飲んでも彼女は寝つけなかったようで、翌朝目の下に大きな隈を作っていた。

不安な日々

セシルが戻って数日後、同じアパートに住む友達の弟のリオンから、ボクとイドルは深刻な話を聞かされた。時々サロンにやってくるリオンは、もともと筋金入りのギャングだった。彼はサロンに寄っては用事を頼まれ、小銭を稼いでいた。要するにイドルのちょっとしたパシリをしていたのだ。そんな彼の腹には深々とナイフで刺された痕があり、タトゥーだらけの体には銃痕も刻まれていた。彼はこの界隈では誰もが知る麻薬常習者なのだ。しかも、「EAT BRAGA」という昼の人気番組がバランガイに収録に訪れた時、彼は率先してテレビに映っていた目立ちたがり屋だ。サロンにいる時は場違いに感じられるのか、口数が少ない彼も、飲めばとにかく話が面白かった。そんなリオンが忠告してくれた。

「セシルがツテを辿ってシャブを探してるみたいだぜ。それでオレも知ったんだけど、変な噂が立つんじゃないか、このサロン」

「それ、確かな話なの?」

「もちろんさ。信用できるやつから聞いたんだ」

それで数日前に彼女が忽然と消えたこと、寝つきが悪かったことの説明もつく。リオンが出入りしているだけで危険視されかねないと思っていたけれど、サロンだけではなく、セシルがこの間寝泊りしているボクの部屋だって下手すれば危険視される、とリオンの忠告を聞きながら内心びくついた。

その晩、セシルが戻ると、ボクは数日前、どこに行っていたのか正直に話してほしいと、なるべく穏やかに尋ねた。

「夫と会っていたのは事実よ。それで久しぶりに……」と言葉を濁した。それから互いに腹を割って話すうちに、パンソールにいた頃、セシル自身も夫と一緒に売人をしていたと白状した。

「夫とは別ルートよ。ムスリム居住区の友人から一〇〇〇ペソで買って、それを小分けにして近所で安く売っていたの。たいしたことじゃないわ」

これで彼女がパンソールの実家を出た理由がわかった。夫に捜査の手が伸びれば、売人だった彼女も芋づる式に捕まる。夫と密会するのはかまわない。問題は彼女が誘惑を断ち切れず自らシャブに手を出すことのほうにあった。

うなされているのだろうか、セシルは夜中に何度も大きな叫び声をあげていた。これは、依存症と関係あるのかもしれない。話を聞いた夜、セシルに「ここで泊まる以上、シャブには絶対手を出さないでほしい」と念を押していた。彼女がサロンを抜けて、夜な夜なシャブを手に入れようと探し回っている情報をバランガイオフィスがつかめば、彼女だけでなくボクにも疑いは向けられる。なにしろ現政権下では、シャブを始めとする麻薬は「死に値する毒物」なのだ。

それから一〇日ほどは平穏な日常が続いた。それが再びセシルの失踪で破られた。今度はサロンに三日も現れなかった。ボクの部屋のスペアキーを持って消えられると、どうしても不安になってくる。彼女や彼女の夫を信用していないわけではない。それでもボクが留守の間に、彼女たちが家に入って金目の物を持ち出さない保証はなかった。

麻薬常習者が最も犯しがちな関連犯罪は窃盗などの「軽犯罪」という研究がある。シャブを買う金欲しさに窃盗へ突き進むケースが多いのだ。

苦渋の選択

セシルが消えた二日目の晩、ボクはジャックを訪ねた。そこで偶然、前夜セシルが突然「車で近くまで来てるから出てきて」と連絡してきたという話を聞いた。

「それで家までセシルが迎えに来て、車が止まっている所まで来てって言うのよ。歩いて三分ぐらいの大学近くの国道沿いまで。セシルの言動はなんだか妙だったわ。それで止まっていた車の窓が開くと、中年の男二人が乗っていて、私を見てニヤニヤしながら『いくらだ？』って聞くのよ」

セシルはどうやらブガウ（売春の斡旋師）の仕事にも臨時で手を染めていたようだ。しかしまともな判断ができなかったのだろう、連れていく相手を見誤った。

「いくら私がお金に困っていたって、見ず知らずの男に体を売るわけないじゃない。セシルとはもう縁を切る。友達なんかじゃないわ」

ジャックは思い出しても腹立たしいといった顔で憤慨していた。

セシルのそうした情報を手に入れていたボクは、三日目の晩にひょっこりノックもしないで部屋の鍵を開けて入り、ボクの顔を見ないように玄関脇のスペースに座っていたセシルに声をかけた。

「またやってきたんでしょ？」と問いただした。「やってない」と言う。そんな押し問答を繰り返し、どうやら嘘をつき通せないと観念したのか、しまいには「心配かけてごめん」と謝ってきた。

ボクは別に謝ってほしいわけではなかった。警察から逃げているという理由があったとしても、彼女は「シャブと手を切ってきちんと生活を立て直したい」とも語っていたのだ。ボクはその言葉に一縷の望みをかけていた。

「シャブと手を切れないのなら、ここを出て行ってもらうしかないよ」

ボクの言葉に彼女はしばらくうな垂れていた。しばらくして「わかった」とひと言呟いた。「明日の朝までいさせてほしい」と頼む彼女に対して、ボクは少し厳しかったかもしれない。「今夜出て行ってほしい」と告げた。そして鍵を返してもらう際にトライシクル代の一〇〇ペソ（約二二〇円）を渡した。

翌日からセシルはサロンを休みがちになった。それでも時々戻ってきて働いた。顔を合わせても以前のように言葉を交わすことはなくなった。「本当のところ、セシルにはサロンを辞めてもらいたい」とイドルは話していた。根が優しい彼女は強く言うことができず、セシルも不規則ながら相変わらず通ってきていた。それが突然、ひと月ほどプツリと来なくなった。

ある日、セシルから携帯に連絡が届いた。

「また働けるようイドルに頼んでほしい」

イドルの本当の気持ちを知っていたボクは「彼女に伝えてもいいけど、なんて言うかはわからないよ」と返信し、そのままにする以外なかった。そして連絡も来なくなった。

彼らのその後

その後、イドルは家賃の高い爆音が鳴り響くサロンを畳んで、同じ通り沿いにある旦那の家族の持ち家に移り、そこでひっそりとサロンを続けている。そこにサロンがあるのを知っているのは親しい友人だけで、単なる家であり、相変わらず「パーティー会場」と呼んだほうが正確だ。

時々顔を合わせていたリオンは、「低い机を三〇〇ペソで作るから買わないか」と持ちかけてきた。彼は意外に器用で、注文するとどこからか材料を探してきて何でも作ってしまう。部屋にテーブルがないので頼んだものの、自宅で大麻を吸っているところを隣人に通報され、捕まってしまった。姉が保釈金を払ってくれたお陰で二カ月ぶりに出られたのに、今度はシャブ所持で逮捕され、次はいつ出られるのかわからない。命が助かって良かったと思うけれど、おかげでテーブルなしの生活はずっと続いている。

一年以上経ってセシルから久しぶりに連絡がきた。「赤ん坊が生まれた」との知らせに「コングラッツ（おめでとう）」と返すと、「……それで、ミルク代に一〇〇〇ペソを貸してほしい」と頼まれた。「申し訳ないけど貸せない」と返事すると、「一〇〇〇ペソなんて小さい額でしょ？」と畳みかけるので返事はしなかった。小さい額という認識があるのなら、わざわざ距離の空いた相手ではなく、隣近所から借りてほしかった。相変わらずの彼女の生活ぶりがうかがえる。

ジャックにはタギッグ市でジープニーの運転手をしている恋人ができた。ジャックとは高校時代の同級生だったようで、妻子とはとうに別れていた。ボクは彼が属するフラタニティー（友愛会）の仲間たちと夜通しでプールへ行った。眠れる場所がなく、ボクは疲れて途中で帰ってきたけれど、新たな仲間に恵まれたジャックは、今が一番幸せそうに見えた。

長女の妊娠も判明した。相手はフィリピン大学の職員で二六歳の青年。まだ一八歳になったばかりの長女は「高校を辞めて卒業資格取得を目指す」と話していた。ジャックはわずか三〇代半ばで「おばあちゃん」になる。おそらく五〇代で「ひいおばあちゃん」になっていることだろう。

バルット売りのジェプ

友達以上の仲間たち

ジェプはボクがクルス・ナ・リガスへ越して以来の友人だ。つき合いはかれこれ数年になる。彼の妻はボクの友人ラミの妹ミッチだ。でも彼らが実はまだ結婚していないことを知ったのはごく最近のことだ。ミッチには前の恋人との間に生まれた小学生になる連れ子がいる。その後ジェプとの間に娘が生まれた。教会での洗礼式に立ち会ったボクは、その娘のゴッドファーザーになった。ラミの弟サンデーの息子も、ボクのゴッドチャイルドだ。ゴッドファーザーとは、実親にもしものことがあれば、子どもの後見人を務める義務を負う。子どものほうも、ゴッドファーザーが困った時には実親のように助けることが求められる。スペイン時代から続く互恵システムで、ボクは将来的に「子」の助けに与りたいと思っている。

ジェプはミンダナオ島オザミス市出身だ。二〇一七年、このオザミス市で発生した事件がフィリピン全土を震撼させた。ドゥテルテ大統領が進める麻薬捜査に関連して、警察が現職の市長宅やその親戚宅を急襲、一四人を射殺した事件だ。作戦を指揮した警官はドゥテルテから「模範的警官」と称賛された。その後は担当判事まで殺害されている。血なま臭い事件で一躍有名になってしまったオザミス市を出て、ジェプはまずルソン島のパンパンガ州の養鶏場に一年間住み込み、鶏の飼育や卵の出荷を担当した。一年間のサイクルを経てやがて親鶏が食用として売られると、再びヒヨコから育てていく。人の入れ替わる時期もそのタイミングなので、ジェプは仕事を辞めてケソン市へやってきた。

どこか「身軽」な彼は一年間姿をくらましていたことがあった。その間は歩いても行ける「駅近くのサリサリストアで住み込みで働いていた」そうだ。妻のミッチと娘を残していなくなったので、てっきり喧嘩別れしたと思った。

ジェプは頻繁に問題を起こした。義理の姉にあたるラミが営むサリサリストアで、ミッチが店番を任された時のこと、店の電気料金の支払いを夫のジェプに託した。代金を持って出かけたジェプは、そのまま二、三日行方がわからなくなってしまった。前々から反りが合わなかったラミとの関係は悪化した。さらに彼は、近所のサリサリストアを営む若奥さんに言い寄り、旦那からたびたび警告を受けていたこともある。ところが強面で腕っぷしの強いジェプは、売られた喧嘩は買う。いざやり合う一歩手前で、旦那のほうが怯えて和解を持ちかけてきた。

ラミの弟であるサンデー一家三人は、ボクが通うスポーツジムの二階に部屋を借りていた。この夫婦も結婚はしていない。周辺にはどうも事実婚のほうが多いようだ。

サンデーの部屋は古い木造で、明かりを落とすと隙間からゴキブリが這い出してくる。しばらくして、六畳より狭いひと間のサンデー宅にジェプ一家四人が転がり込んだ。さらに、経営していたサリサリストアで寝起きしていたラミと二人の妹たちも、店をやめて行き場がなく、サンデー家で同居し始めた。狭い空間に一〇人で暮らすことになったサンデー家族への同情と、床が抜けるのではとの恐れを訪ねるたびに抱いた。

じきに、もともとの住人であるサンデー家族が音をあげた。三人は賑やかな通りに面した小部屋を借り、鶏の唐揚げ屋を開いた。繁盛ぶりを目にしたジェプも、同じ通り沿いに見よう見まねで二号店を開いた。バランガイには唐揚げ屋がいくつかあった。サンデーの店はジェプや他の店より味が良くて人気があり、ボクもそちらで買っていた。ジェプ一家とラミ姉妹が「乗っ取った」部屋はゴキブリの巣窟だったので、そこでジェプが仕込む唐揚げには生理的な恐れを感じていた。

サンデー夫婦の留守中は、姉のラミが一号店の店番をしていた。ある日、売り上げの行方を巡って喧嘩になり、しまいには決裂してしまった。それからラミはカフェの仕事を始め、コンスタントに定収入が入り始めると、妹二人と共に近所のアパートに引っ越した。上の妹はマクドナルドで働きながら大学に通い、下の妹は近所の美容サロンで働き始めた。ラミを慕っていたミッチの連れ子は、両家を泊まり歩いていた。最後まで「サンデー家」に住んでいたジェプたちも、バランガイ内にある家賃一五〇〇ペソの長屋へと越した。地方からの流入組は、家も職業も移り変わりがやたら早い。その日暮らしなので、一年後にはまったく異なる場所や手段で暮らしていた。

ある日ジェプやサンデーと飲んでいた時、彼らの関係がギクシャクしているのに気がついた。どうやら互いの唐揚げ屋の存在が原因のようだった。しばらくすると、突然ジェプが行方をくらました。それが一年近く住み込みで働いていた時期だ。その間ミッチはあまり繁盛していない二号店をせっせと切り盛りし、子どものオムツやミルク代を工面していた。ジェプからの仕送りはあったのだろうか、家計はいつも火の車に見えた。

どちらの唐揚げ屋も売り切れれば店じまいをする。たいがい商才があり創意工夫を凝らしたサンデーの店が先に売り切り、二号店は午後一一時頃まで開いていた。唐揚げは熱々がおいしいので、冷たくなると買う客が減って大変だ。サンデーは売れ残りが少々であれば、見切りをつけてそれを酒の肴に回し飲み始める。そこに通りかかった友人たちが加わり、次第に「飲み」の場として定着していった。そのようにして出来上がった「場」が後に警官の急襲を受けてしまうことになった。

ミッチが切り盛りする唐揚げ屋で購入するサンデー。この大傘をジェプは後にバルット・カートに装着していた

人生それぞれ

一年にわたった失踪からようやく戻ったジェプは、ミッチと一緒に唐揚げ屋を続けていた。ある時、「金を貸してほしい」と相談に来た。ボクは今後も彼と変わらずにつき合いたい一心で、貸すのを断った。このままでは展望がないと判断したのか、ジェプは思い切って唐揚げ屋を畳み、孵化する直前のアヒルの卵「バルット」を、手押し車（カート）に積んで売り歩く商売を始めた。休みなしで働いた苦労が実り、長屋の薄暗かった奥の部屋から、入口近くの明るい部屋に移った。

サンデーの唐揚げ屋も繁盛する競争相手が現れたので店仕舞いをし、代わりに妻のエレンがそこでサリサリストアを始めた。サンデーは近郊の美容サロンで働く姉と兄から散髪のイロハを教わった。元来要領がいいのだろう、上達は早かった。やがて家の近所の床屋で求人を見つけ、午前八時から午後九時まで休みなく働いた。カット代は一人六〇ペソで、取り分は半分だ。「一日一五人から多い時は三〇人もの髪を切っている」そうだ。稀に三〇人に達する日はへとへとになりながらも、一日九〇〇ペソ（約二〇〇〇円）の収入になる。これは首都圏の最低賃金の二倍近い。最低賃金に満たない額で働く人も多いなか、なかなか得られない収入だ。

「休もうと思えばいつでも休めるよ。でも実入りがなくなるからな。通常は三人で回してるんだ。誰かが休んで客が待てないなら他に行けばいい。髪が伸びたらまたやってくるさ」

特別な競争意識はなく、同僚が休んでも気にしない。ノルマがないので気が楽といえば楽だ。それでもサンデーは何かに憑かれたかのように、二日酔いでもせっせと働いていた。じっとしていられない性質なのだろう。ボクは天才的に散髪の腕をメキメキと上げたサンデーに髪を切ってもらっている。毎回話に花が咲くし、個性的な髪型に変わっていく彼のやんちゃな息子を見るのも楽しみの一つだ。

つい最近、ジェプ一家は晴れてクルス・ナ・リガスを出て、隣にあるバランガイ・リビスに越していった。家に招かれて最初に何気なく腰を下ろした所に、運悪くボクのゴッドチャイルドの片づけられていないウンチがあり、ぐにゅっと潰してしまった。その日は引っ越し祝いで、ラミの妹やサンデー家族、ジェプ夫婦の友人たちが集まり、深夜賑やかに飲んでいると、隣の部屋の住人が壁を叩いて「騒々しい」と注意してきた。そんな晩も主役のジェプは仕事に出ていた。行商の合間に差し入れではなくバルットを売りに寄ったのには驚いた。

バルット売り

ある晩、個人的に興味があったバルットの商いに一夜同行した。バルットは滋養強壮や催淫効果をもつフィリピンの代表的なストリートフードで、フィリピンに来る外国人は必ず試したがる、もしくは食べさせられる。二〇〇七年の「日本調理科学会誌」によると、ベトナムや中国南部にも似た料理がある。フィリピンには中国南部の福建省からの移民が多いので、そのルートで入ってきたのだろうか。中国では「毛《マオ》蛋《タン》」の名称で知られているようだ。一七世紀にバルットが伝わった首都圏のパテロス町（「パト」はアヒルのこと）では、良質のバルットが今でも手作りで生産されている。酒の肴や精力増強という性格上、昼間はめったに販売していない。もっとも、首都圏の南にある高原リゾート、タガイタイ市のモールでは昼間でも観光客向けにバルットが売られている。

右上の卵はバルットとペノイ。その左にはマニ。手前にはプゴ。カートの前面にはお酢が入ったボトル、そして殻入れのバケツもある

ジェプの仕込みは午後三時に始まる。商品は近所の元締めから調達する。そこで二種類のアヒルの卵「バルット」と「ペノイ」、ウズラの卵「プゴ」、落花生の「マニ」、豚の皮をカリカリに揚げた「チチャロン」を仕入れる。どれも酒のつまみになる商品だ。

元締めは首都圏の中心を走るエドサ大通り沿いの卸市場で商品を大量に仕入れている。市場の卸値はバルット一個八ペソ、ペノイ一個六ペソ、プゴは七〇個で一〇〇ペソ、マニは一キロ一二〇ペ

ソ、チチャロン一袋三ペソで、主力商品は三種類の卵だ。ジェプはバルットであれば一個あたりの価格に二ペソを上乗せして元締めから買い取る。元締めの取り分はそこにある。ジェプ自ら市場から仕入れれば、売り上げは増す。ただし、そのためには卵を大量に運搬する費用や手間がかかる。

バルットとペノイは共にアヒルの卵だ。バルットは有精卵で産卵一四日から一九日が食べ頃、ペノイは無精卵で見た目には変わらない。業者はあらかじめ暗い部屋でペンライトを当てて確認し、ペノイにはマジックインキで縦線を引いて目印にする。元締めは線の有無で買い揃える。赤く色付けされた塩漬け卵はペノイだ。

ジェプの売り値はバルット一六ペソ、ペノイ一四ペソ、プゴ二ペソ、マニはコップに一二、三個入って一〇ペソ、チチャロンは一袋一〇ペソだ。一日で売り切る個数は「バルット約一五〇個、ペノイ約七〇個、プゴ約七〇個だ」と言う。売れ残れば翌日に持ち越すが、一度茹でた卵は味が落ちるので、彼はその日に売り切る信念でやっていた。

ジェプの三輪の木造カートには小ぶりのガスボンベとバーナーが備えてある。水を張った大鍋を火にかけて、毎日一時間ほど卵類やマニをじっくり茹でる。茹であがったら、茹でていた大鍋の上に木製のせいろを置き、丁寧かつ慎重に卵やマニを並べていく。売り歩く間も鍋の火は絶やさず、下から立ち昇る蒸気によって商品の熱を保ち続けるのだ。

バランガイを行商して

いざ商売が始まると、他のバルット売りと重ならないルートを回る。ルートは周辺のバルット売り情報を持つ元締めと大まかに相談して決める。もちろん、人通りが多い場所に留まって客を待つのも戦法の一つだ。ジェプは午後五時半から七時頃にかけては人通りの多い市場前で商売をしていた。留まる場合は遠くまで響く「バルーッ!」という鍛え抜いた掛け声は上げない。ところが、市場前は八時過ぎにはこの場所を定位置にしている年配のバルット売りがやってくる。それでバルット仲間から妻のミッチを通して苦情がきた。妻の頼みを聞いたジェプは、しぶしぶそこで売るのを止めた。でも「あっちがやる気なら、やってやろうじゃないか!」と、手出しされればやり返す気持ちでいる。

ミッチが作った夕食を食べにいったん帰り、七時半頃には本格的な行商に向かう。

カートは相当な重さで、ボクも試しに押してみて驚いた。三輪の不安定なカートはバランスを取るのが難しく、さらに道路の凸凹や通行人、トライシクルを避けて進むのは至難の業だった。

カート前方に三本並ぶペットボトルには、赤唐辛子や玉ねぎを刻んで混ぜた自家製の酢がたっぷり入っている。他にも、客が食べた殻を入れるバケツや懐中電灯、唐揚げ屋時代に使っていた雨除けの大傘を備え付けるなど、彼なりに使い勝手を考えてカートに工夫を凝らしていた。

近所を回っていると、八時半頃、クルス・ナ・リガスで葬式に遭遇した。フィリピンの特に都市部のバランガイでは葬式と賭け事がセットになっている。それは「サクラ」と呼ばれるスペイン式タロットで、遺族がギャンブル運営者ともうけを折半して、葬式費用を捻出するためのものだ。その晩、即席のギャンブル会場は四〇人ほどの人で賑っていた。夜通し行われる「サクラ」の参加者は、相当なエネルギーを必要とする。そこで営業すると、小一時間で次々卵が売れていった。

洒落たレストランで賑わうマギンハワ通りには、ほとんど客がいなかった。そこで近年林立著しいガーデンコート（野外版フードコート）に立ち寄ると、コートで働く店員たちが寄ってきた。当然レストラン客はバルットに関心を示さない。接客や調理をこなす体力勝負のスタッフがお客だ。

トライシクルが大挙して列を成すシカトゥナビレッジ地区で、ジェプが再び美声を張り上げる。「今夜のお供に、バルーッ。膝だけじゃなく、あっちも固くなる、バルーッ！」

ジェプが機転を利かせて、ビサヤス地方のバルットと音が似た「女性器」に当たる言葉に切り替えると、理解した

道の一画を占めるトライシクル

くれた。

運転手がドッと笑う。夜間暇を持て余した客待ちの運転手たちが、バルットやプゴ、マニを買って

駅へ向かう途中にステーション9がある。その真向かいにビデオケが軒を連ねているので、バーで飲む人たちの注意を引こうと、もくもくと湯気が立ち昇るカートを停める。残念ながら買う人はいなかった。こうしたバーで飲んでいると、よく酒のつまみを売りに物売りがやってくる。彼らもボクらのように遠路はるばる来ていたのだろうか。

ジェプが「プゴ食べないか」と言うのでもらって頬張る。何度も食べているのに、こうして歩きながら食べると一段とおいしかった。

卵類と比べて見劣りしがちなマニは、どちらかというとバルットやペノイを買う人へのおまけだ。顔見知りはマニやプゴなど単価が低いものは勝手にボリボリ食べていく。ジェプも多少であれば見逃すものの、確信犯的にゴッソリ取る者には注意する。すれ違いざまにマニに手を伸ばしたストリートチルドレン風の集団にジェプは一喝した。どうやらマニの売り上げは始めから勘定外のようだった。それならいっそ売らなければいい、との考えもあるだろう。しかし、彼はそういった「おまけ商品」の大切さを理解していた。

誰がバルットを食べるのか

駅周辺に広がるバランガイを回りながら、ボクは足に疲れを覚え始めていた。カートを押して歩くスピードは想像以上に速い。一〇時、一一時と時間は過ぎていく。車の修理所や印刷所の前で声を上げると、手を真っ黒にした修理工が続々と出てきた。なけなしの小銭で夜食のバルットを買い、朝まで働くための腹の足しにするのだ。

ひと晩つき合って、客層をよくよく見ていると、その日の約八〇パーセントの客が貧し気な人たちだった。バルットは「フィリピンを代表するストリートフード」と言いながら、客層の偏りは大きかった。決して誰もが好むわけではない。女性より圧倒的に男性が好み、特に低所得者層によって支持されていた。

午前零時を回り、ジェプのカートは閑静な住宅街を進んでいた。バランガイならともかく、その一角は人通りがまったくなかった。そんな静寂は日本のイメージと重なり、どこか寂しい。

ふと、カラオケの音が聞こえてきた。どこかでパーティーが開かれているようだ。ボクたちは音のする方へ自然と向かっていった。音のする立派な一軒家の庭を覗き込むと、楽しげに酔っぱらった大人と、その間で遊ぶ子どもたちがいた。

ジェプがゲート前で「バルッ！」と叫ぶと、一斉に「バルッ！」と返してきた。招かれるままにカートを押して庭へと入る。カラオケの途中で、タバコでも吸いに立つように順繰りにやってきては、その場でバルットを食べていく。三個平らげた強者もいた。

彼らは中流の上といった感じだ。身なりもボクの近所の人たちとは明らかに違っていた。バランガイオフィスから許可をもらっているのだろう。大音量が周囲の静寂を大きく破ってもおかまいなしだ。子どもたちも眠るどころではない。大人たちは底なしに続きそうなパーティーの後半戦に向け、戦闘態勢を整えるかのようにバルットやペノイを食べていた。彼らは例外的な二〇パーセントのバルット支持層だ。その庭で二〇〇ペソ以上売れ、残りは三〇個ほどになった。卵を売り切るまでは帰れない。

再びバランガイ地区に入り、家々が密集する辺りに来ると、暗がりで携帯をいじっていた女性や雑貨店スタッフが買ってくれた。珍しく女性客が多かった。

そしてようやく乾杯！

バルットのカートは酢や塩、バケツ、食後の手拭きまで整えられた機能的性格上、道端会議の舞台になりやすい。ジェプが客と話すのはもちろん、客同士が話し始める時もある。するとジェプはそこに留まり、客たちの好きなようにさせる。「早く食べろ」というプレッシャーは決して与えない。そのうちに客の友人が通りかかって、輪が広がることもある。他人に話しかけられるのを避けがちな日本人とは逆で、人が楽しそうに集まっているとフィリピン人は気になるようだ。そうした光景を見ていると、元来商いとは人が人を呼ぶものだったように思えてくる。

ジープニーが疾走する大通りに出る。かつてサンデーとジェプと行ったストリップ前で、ジェプは知り合いの警備員と話し込む。「今夜の精力剤にバルッ！」とジェプは声を一段と張り上げる。二階にある店内の音楽がうるさく、かけ声は女の子たちまで届かない。しばらくいても誰一人出てこなかった。「バルットが必要なのは女の子より客じゃない？」とジェプに言うと、「女の子と知り合えるじゃないか」と笑った。

最後、彼が一年間住み込んでいたサリサリストア前に落ち着いた。店番をしていたのは友人だという半裸の無口な男で、大のバルット好きだった。三個をペロッと平らげてしまう。そして通りすがりの客もいて、卵はついに完売した。袋に入ったチチャロンは日持ちするから残ってもかまわない。

ジェプは営業中に必ず立ち寄って水をもらうという食堂で、グラスに水を一杯飲んだだけだった。帰り道がまた遠く、「せっかくだから一杯やってこう」となった。

警察署の向かいのビデオケで、レッドホースの小瓶を一本ずつ頼んだ。隣のテーブルでは男女がカラオケや会話を楽しんでいる。別のテーブルでは初老の男性が一人、ちびちび飲みながら、時々昔の歌を歌って感傷に浸っていた。ボクたちは歌うこともなく、話が途切れると別のテーブルを眺めてまったりしていた。

毎晩こうした行商をするジェプにボクは感心し通しだった。普段したことがない体験に高揚していたせいか、心地いい疲れだった。ジェプにとっては単なる日常で、糧を得るため明日以降も続く労働でしかないだろう。

ジェプは、カートに護身用の包丁や鉄パイプを忍ばせていた。揺れた時にどこからか包丁が落ちたので「何のため？」と聞くと「もしものためだ」と言った。バルット売りが強盗や追いはぎにあうこともなくはない。ただ、市場前で他のバルット売りと重なっていることで苦情が届いたように、どこでどんな言いがかりがつけられるかわかったものではない。同業者であってもそうなのだ。

それにトライシクルやパジャック（三輪自転車タクシー）の運転手が、警察による麻薬おとり捜査で殺されるケースが相次いでいた。

「ドゥテルテのお陰で犯罪が減って安心して暮らせるようになった」と、政権を持ち上げる人はいる。その半面、バイクに乗る二人組ビジランテ（自警団）がかつてなく暗躍し、彼らや警察に殺される人びとがいる。この二重のスタンダードが巧妙に混濁する社会状況では、「身を守るのは自分自身だけだ」とジェプは言う。彼やサンデーのように家族を持ち、生活を立て直そうと必死で働く人たちがこの国の大半を占めている。

ジェプは今夜もバルットを売り歩いているはずだ。「バルーッ！」という彼の美声が聞こえる気がして、ふと窓のそばで耳を澄ませてみる。

バタアンへの旅

シーナたちとの出会い

エラと出会った頃、ボクはまだダゴホイでトルコ人のメフメッドと同居していた。まだ若い彼は「ここで結婚相手を探したい」と口走っていた。夜遊び癖のついたボクは、連日の朝帰りで酒臭く、同居人やクラスメートにはさぞかし迷惑だっただろう。

「遊び呆けていた時期」を前向きに捉えるなら、バランガイや大学では知り合えない交流をしていたといえる。ただ、酒が絡んだつき合いなので、今も続く関係は少ない。紙のごとく薄っぺらな友情に囲まれたなかで、エラは例外の一人だった。

彼女はティモグ地区のKTVで働いていた。KTVとはカラオケ・テレビジョンのことで、日本のキャバクラにあたる。彼女は明け方近く仕事を終えると、ほろ酔いのまま同僚とバーで飲み直すのを日課にしていた。

大部屋や個室を備えたティモグのKTVは韓国人向けが多く、オーナーも大半が韓国人だった。エラが働く店の店名はハングルで書かれ、ボクには読めなかった。「うちにはめったに日本人が来ないの。長期出張で滞在する韓国人のカビット（愛人）をする同僚はけっこういるわ」と淡々と話した。

エラたちのグループにはひときわ華やかな中心的存在がいた。名前はシーナだ。メフメッドは気の強いシーナに一目惚れした。数日ベッドで悶々と悩んだ末、いきなり彼女に結婚を申し込んだ。メフメッドがバーでシーナに結婚を迫っているのを、離れたテーブルからボクとエラは眺めていた。シーナが戻ってくるのと行き違いに、「カオル、ちょっと」とメフメッドがボクを呼ぶ。

「シーナはクレイジーだ。オレにはとても理解できない！　あいつには子どもが二人いて、父親が違うんだ。信じられるか？」

彼はシーナのことを何も知らずに結婚を夢想し、過去を知って勝手に幻滅していた。メフメッドはシーナが子連れということ以上に、「子どもの父親が別々」という事実によりショックを受けたようだった。

メフメッドが帰国した後もクラブやバーで知り合った友人たちとの関係は続いた。シーナたちの仕事が終わった早朝、マニラ湾北部ナボタス市のエラの家へ行ったこともある。

ごちゃごちゃした地区の狭い家には、エラが昔別れた恋人との間に授かった子ども二人が寝ていた。当時小学校前だった兄妹はどちらも半端なくやんちゃで、遊び相手を務めるのは大変な運動になった。家を留守にすることの多いエラに代わって子どもの面倒を見ている母親のネネさんは、かつて日本のフィリピンパブで働いていた。子守のかたわら、「バランガイオフィスで経理をしている」とも言っていた。ざっくばらんで裏表のない人柄。ボクやシーナたちが場の流れで泊まっても歓迎してくれた。

対照的な家庭環境

韓国人ビジネスマンの「愛人」を複数抱えるシーナの携帯電話はひっきりなしに鳴っていた。一家の稼ぎ頭で、身なりにも人一倍気を使う彼女は、彼らとのデートの折に必要品を調達していた。ごちゃごちゃした界隈にあるシーナの家にもエラと一緒に泊まったことがある。長屋二階の六畳ほどの一室で、シーナは両親と二人の幼い子どもと暮らしていた。煮炊きも洗濯も廊下の共同スペースで行うため、長廊下は住人共同のリビングや団欒所となり、生活空間は隣同士で完全に共有していた。共同トイレは建物の地下に三つあるだけだった。

シーナと母親の関係は逆転していた。シーナが母親を叱りつける口調で話し、母親が買い物に出かける際には、娘にいちいち伺いを立てていた。子どもが泣いてもあやすのは母親で、シーナは指図するだけだった。そんな光景にボクは当惑し、違和感を覚えた。

ボクたちが寝ている間に帰ってきた父親が、母親と口喧嘩を始めた。子どもたちが泣きだす。不機嫌そうに起きたシーナが彼らを一喝すると、シーンと静まった。結局ボクは、シーナの父親とは挨拶を交わす機会を逸したまま、狭い空間で数時間気まずく飲んだ。シーナの生い立ちとボクのそれはまるっきり異なるのだと痛感した。

それに比べればエラの家は遥かに居心地が良かった。明け方に着いて飲み始め、いつの間にか眠る。昼過ぎに起きて、家族と食事をしたらまた飲む。シーナもエラも仕事で飲むわけだから、酒が入った状態で出勤しても文句は言われない。職業柄なのだろうか、彼女たちの人間関係の築き方には、このように過剰にアルコールが入り込んでいた。シーナはタバコの量もすごかった。

酒浸りの心身ともに不健康な状態は、どうしても短絡的な思考になる。エラとシーナ、ボクとシーナはちょっとしたことで言い争い、関係がこじれてしまった。それを機にシーナはグループから去り、ボクはエラと行動を共にするようになった。

エラの家族

エラの父親は、ネネさんと別れてから恋人と暮らしていた。その恋人が亡くなり、近年エラは父親と再会を果たした。

「父には子どもが二人いるみたいだけど、私が彼らと会うことはこの先もないと思う。父はイタリアに出稼ぎに行っちゃったし、いつ戻ってくるのかもわからないし」

母親のネネさんはその後、バタアン半島に住む男性と一緒になった。その彼との間に二人の子どもをもうけた。それから何度か日本でエンターテイナーをするうちに、日本人男性と知り合って女の子を授かった。時々マニラへも訪ねてきていた日本人男性は、子どもが六歳の時にプッツリ連絡を絶ってしまった。子どもは父親から認知を受けていなかった。巷にはそういった「新日系人問題」が溢れている。日本からの仕送りが途絶え、子どもを育てられなくなったネネさんは、最終的にバタアンにいる男性の親戚に娘を養子に出した。その後ネネさんと男性は、末っ子を授かった。

エラとは父親違いの妹で、ネネさんの三女になる「ハポン（日本人）」の子は、ボクが初めてバタアンを訪れた時、まだ一二歳だった。一目で日本人だとわかった。小学校の同級生から「ハポン」と呼ばれているけれど、フィリピン育ちで日本語もわからず、父親の記憶もない彼女はそう呼ばれることに困惑していた。そんな口数が少なく内気だった彼女も、二度目に会った時は一五歳になり、すでにボクたちに混じって酒が飲めるようになっていた。フィリピンの法律では一八歳未満の飲酒を禁じている。そうした原則は世間ではまったく意味をなさず、一八歳で酒を飲んだことがなければ、一笑に付されてしまう。ナボタスの路上で飲んでいた時、よく酒を注いでくれるホスト役の「タンゲラ」を務めたのは一六歳の女の子だった。

数年ぶりの再会

エラを介した「飲み」のお陰で、ナボタスにも友人の輪が広がった。半面、そこに時間を費やしてきた代償は、大学の成績に跳ね返ってきた。

年上のトルコ人仲間からは「オレもかつて同じ葛藤があったから気持ちはわかる。ただ、何かをやり遂げたいのなら、今の生活にケリをつけないとダメだ」と言われた。心中では〈このままじゃいろいろな意味でまずい〉という感情が沸き起こっていた。どこか心ここにあらず、といった感じで引きずられていく自分がいた。ある日を境に「飲み」の誘いを一つ一つ絶ち切っていった。習慣化していた楽しい夜遊びから足を洗うのは、中毒症状と対峙するに等しい葛藤を生んだ。けれども、いったん動きだすと潮が引くように彼らのほうからこちらを見限るのも早かった。親しくなっていたエラたちナボタスの友人との時間も徐々に減っていった。

ある日エラから、「仕事を辞めたので、少しばかりお金を貸してほしい」とメッセージを受け取った。金銭絡みでいやな思いを味わい、仲たがいしたケースは数知れない。エラとはそんなふうに関係を終わらせたくなかった。「ごめん、今はお金がない」と断る。職場でシーナと無視し合っていたエラは「店の居心地は悪いし、交通渋滞もひどいので通うのは大変」と話していた。しばらくして首都圏からバスで一時間半ぐらい北にあるアンヘレス市のツテを頼って、バーの仕事口を見つけた。ネネさんに子どもたちを預けて移ったエラから「こっちに遊びにおいで。可愛い友達がたくさんいるよ」という甘い誘いを受けていたけれど、若干起こった迷いをなんとか振り払い、結局エラとは「フェイスブック上のつき合い」になっていった。

それから三年が経った。ボクは大学院を休学して短期間、学費稼ぎにと外資系企業に勤めていた。人生で初めての会社勤めだった。その後、再び大学院に戻り、幾分真面目に勉強に向かっていた。そんな折、エラから「マニラにいるよ。よかったら飲もう」というメッセージを受け取った。

久しぶりにナボタスを訪ねると、エラは川沿いの別の家に越していた。以前のコンクリート造りだった家に比べて、敷地は多少広いものの、古びた木造家屋だった。借家であることに変わりはない。

小学生になった子どもたちはおとなしくなり、新しく生まれた妹をあやしていた。ナボタスで友人だった男性と暮らし始め、子どもを授かったのだ。エラはその恋人と結婚するつもりはないようだ。母親もエラも「婚姻」とはまったく無縁の世界で生きている。

「彼の熱烈なアタックに負けてしまったわ」とエラは嬉しそうだ。

「アンヘルスのバーの仕事は早い時期にやめて帰ってきていたの」

今の旦那とは三年前に「飲み」の席で顔を合わせている。どうやら当時からボクとエラが「友達以上」の仲だと思い込んで、焼きもちを焼いていたようだ。ありもしない誤解のためか、ボクに対する距離はどこか遠い。

近辺に住むかつての友人たちの家を訪ね、市職員でドラマーの友人宅前を飲み場に定める。机や椅子をセットしてからエラを呼びに行くと、意外な反応が返ってきた。

「子どもの世話があるから、家でないと私と旦那は参加できない」

「昔よく飲んでいた場所で、家から一分と離れてないよ。ネネさんも家にいるのだし、こんな時ぐらい子守を代わってもらって、時々確認しに戻ればいいんじゃない？」

友人が誘っても彼女は出てこない。

再会した当初から感じていたけれど、エラは以前のエラとはどこか違ってしまっていた。きっとボクだって変わっているわけで、それ自体当たり前なのかもしれない。旦那への気兼ねがあるのもわからなくはない。ボクとしては、せっかく彼女に誘われて会いにきたのに、彼女がいなければ何も始まらない。すでに空けてしまったブランデーをやや寂しく飲み、何人かで暑くて蚊の多いエラの家の中庭に移動する。

飲んでいる最中、ボクがナボタスに来ていることがフェイスブックを通じて当時の仲間たちの知るところとなり、メッセンジャーにはグループが立ち上がっていた。ボクが当時の友人同士を繋ぐ媒体になれたのなら嬉しい。

持ってきたカメラで何気なく「飲み」の席を写していた。家にはネネさんから「友達」と紹介された年配の男性もいた。雰囲気からしてなんとなくこの家の常連だとわかる。彼もカメラにポーズをとって収まっていたので、後々それが問題になるとは思いもしなかった。

翌日、前夜の写真をアップすると、友人たちからすぐに反応が返ってきた。その中にエラとは父親違いの次女のザイラがいた。バタアンに住んでいるザイラとは、かつてエラとバタアンへ行った際に知り合っていた。しばらくしてボクはネネさんからメッセージをもらった。

「写真はダメ、ザイラが怒ってるから早く削除して」

いったいどの写真のことなのかわからない。ボクはすぐにアルバムを個人設定に変えて返信した。

「もう大丈夫です。でも、どうしてザイラは怒ってるの？」。返信はない。すると今度はザイラからメッセージがきた。

「カオル、久しぶり。あの写真のおかげでわかったわ。お母さんはまだあの男と切れてなかったのね……」

一体全体わけがわからない。ボクはとにかく「もう写真は隠したよ、ごめん」と返信した。ネネさんにもお詫びのメールを送った。ザイラから「大丈夫、あなたが悪いわけじゃないわ。逆に感謝してるの。今度よければバタアンに来て」と結ばれていた。

二度目のバタアン旅行

一週間ぐらい経ってエラから連絡がきた。「ザイラのお誕生日に合わせてバタアン行きを計画してるの。カオルも誘ってほしいって。一緒にどう？」。半月後の計画だった。少し考えた後で、いい機会かなと思い返事をした。

「よかった。ザイラを驚かせたいから、カオルが行くことは内緒にしておくね」

待ち合わせ場所はナボタスだった。ネネさんや、恋人がいながらザイラに密かな恋心を抱いているドラマー君も一緒に行くものと勝手に思っていたボクは、エラと旦那、それから三人の子どもたちの姿を見て拍子抜けしてしまった。

〈この中でボクは何をすればいいのだろう?〉

妙な距離がある旦那とは、どうも会話は弾まない。エラも、よそよそしいのは旦那の手前だけかと淡い期待を寄せていたが、本当に人が変わっていたことにこの時ようやく気がついた。以前は屈託なく話し、マニラ湾に沈む夕日を眺めては明け方まで飲み明かした仲間だったのに、それがすっかり遠い過去のものになりつつある。エラの子どもたちと長距離バスの二人掛けの席に三人で座り、時折車窓を眺めては、虚しさに似た思いにとらわれていた。

前方の席にいるエラにさり気なく「ネネさんは元気?」と背後から声をかけると、さらりと「タータイとは別れたわ」と返すので驚いた。タータイとは「父親」の意味で、バタアンにいるネネさんの恋人をエラはそう呼んでいた。ボクのせいで事態は取り返しがつかないことになっていた。

ネネさんはタータイ以外につき合っている男がいた。それが「友達」だと紹介された例の男性だ。かつて日本人との間にもうけた子どもを養子に出してから、ネネさんとタータイは関係を修復していた。でも実態としては別々に生活を送ってきた。

バタアン半島はマニラの北西に位置し、海岸線をグルッと北上すると辿り着く。バタアンと聞くと、有名な「死の行進」が真っ先に思い出されるはずだ。アジア太平洋戦争中の一九四二年、この半島の突端マリベレスを起点に、日本軍に投降したフィリピン兵と米兵合わせて七万六〇〇〇人余りが、タルラック州にあった収容所まで歩かされた。正確には途中サン・フェルナンドからカパスまで汽車に乗せられている。それでも暑いなか飲まず食わずの行進時に約三〇〇〇人（その九割近くがフィリピン人とされる）、その後の収容所生活では約二万七五〇〇人の兵士が命を落としたという。

バスを降りると、トライシクルに跨った中学生の男の子が待ち構えていた。親戚の少年だという。まずタータイの親戚の家へ向かうと、前回会った人たちが集まっていた。「ハポン」の子もいて、そこが彼女を養子に迎えた家だと知る。ザイラは金髪になっていたので、気がつかずに素通りしてしまった。小さかった末っ子の四女も中学生になり、すっかり背が伸びていた。

養子となった「ハポン」の子のボーイフレンドもちょうど泊まっていた。親が知らない間に外で関係されるより、家族公認で一つ屋根の下で過ごさせることで、娘がつき合う相手がどういう人物かよく知ることができ、家族ぐるみで信頼や思いやりをも育んでいける。都会から一歩田舎へ出ると、娘の親が相手の心意気を知るため、いまだにこうした「見習い期間」を設けて同居する習慣がある。

次にタータイの家へ向かった。いつの間にか、エラと旦那、そして子どもたちは親戚の家で泊まり、ボク一人、タータイとザイラたちの家に泊まる運びになっていた。

長男である甘いマスクのエラの弟は、船員養成学校を卒業して世界の海を航海中だった。彼が現在タータイ一家の主な収入を担っていた。家に飾られた写真にネネさんの姿がないことに気がついた。兄とザイラばかりなので、二人が一家の中心なのだとわかる。兄同様マニラの大学に通ったザイラは、ホテルマネージメントを専攻し、在学中にアメリカのホテルで研修を受けている。「卒業したばかりで、まだ求職中」の彼女には、学歴や経験が自信として表れ、大学に通っていないエラとの間にはっきりと違いを生んでいた。

地方に住んでいるにもかかわらず、都会に住むエラよりザイラは遥かにあか抜けて見える。一〇代で出産し恋人と別れ、子育てをしながら働いてきたエラには、ようやく今一緒になってくれる人が現れた。そのような道のりを辿らずにきたザイラの未来は、それだけですでに明るく輝いていた。

関係性は巡る

翌朝は親戚のトライシクルで賑う市場へ繰り出し、イカやマグロ、カニ、エビ、肉など新鮮な食材を手に入れた。ボクは刺身にするマグロを買い求めた。海が近いので魚の鮮度はやはり違う。マニラでは刺身など家ではめったに食べられない。

船員である兄からの誕生日祝いの仕送りがあったのだろう。ザイラは自身の誕生パーティーに相当な額を費やしていた。昼からは近場のリゾート施設を二四時間借りきるという。

市場から帰って、彼らがパーティーでふるまう料理作りに取りかかる間、ボクは遊びにきていたエラの子や近所の子どもたちと散策した。朝まで降り続いた大雨があちこちに巨大な水たまりを作り、股近くまで水位が増した道路脇の水路で遊ぶ子どもたちもいる。久しぶりのおだやかな休日だった。「アイスを買いに行こう!」と誘われてつき合うと、子どもの頃によく食べたチューペットが売られていた。子どもたちはその一本を割った半分をなけなしの小銭で買い求めた。

ザイラが借りきったリゾート施設は教会のミサや結婚式、学生たちのミーティングや合宿、ダンスの練習などに使われ、地域における社交場となっていた。

「バーベキューとカラオケ付のガーデンスペースと、プール、寝室二部屋が付いて一泊一万ペソ（約二万二〇〇〇円）よ」

貸し切りでそれは安かった。それでもボクのケソン市の家賃六〇泊分を超える。ザイラは惜しむことなくそれを支払い、家族や親戚、そして高校時代の友人を大勢招

大雨で水かさが増した用水路で遊ぶ子どもたち。右手前の女の子がエラの長女

待した。

フィリピンでは誕生日の主役がホストを務め、日頃の感謝を込めて、お世話になった人たちをもてなす。この日の招待客は、好きなだけ彼女の手作り料理を食べ、カラオケを歌い、プールで遊び、泊まっていくこともできる。まさに至れり尽くせりだ。ここまで豪華でなくても、誕生日が順繰りに回ることで、一年中何度かこうした集まりが繰り広げられる。その都度ホストは変わるので、次回は招待客としてそれに乗っかればいい。

ザイラたちと一足先にリゾート施設へ向かいプールで泳いでいると、エラたちもやってきた。その晩は一緒に泊まっていくと思いきや、「私たちは夜遅くなる前に帰るわ。ザイラの高校時代の友達が来るから、カオルは彼らと楽しんでいったらいい」と言う。旅行中の予定はエラに合わせるつもりで来たのに。その時点でエラとの接点は半ば消えかかっていた。

バタアンでの二泊三日は、ザイラや人情に厚いタータイたちとの新たな関係を育むことになり、それはそれで非常に楽しいものになった。ただ、エラは最後も「まだ帰らない」と言い出し、結局、マニラまでの帰途も別々だった。

「一カ月子どもと残ろうって考え直したの。旦那は仕事を休んで、もう二日したら帰るって」

ボクはこの旅の中で何かを得て、何かを失ったような気がする。帰りのバスの中、「人の交わりにも季節あり」という誰かの言葉がボクの脳裏をぐるぐる回っていた。

今エラは、マニラに子どもたちを残して、一人バタアンにある日系企業の工場で働いている。

暑い昼下がりの路地で

ゲート前の酔っぱらい

それはやけに暑い日だった。馴染みのイドルの美容サロンで居合わせた客との雑談から戻ると、アパートのゲート前で友人二人と遭遇した。いまだに彼らの名前が覚えられないので、前歯の欠けた「歯抜けさん」、フィリピン中西部のヒリガイノン語を話す「イロンゴ氏」と呼ぼう。

二人ともこの界隈のリーダー格マルコの仲間で、有志でバスケットチームを組んでいる。その頃ボクは大学の課題に追われ、彼らと飲む時間は減っていた。いつも断ってばかりで申し訳ない、と感じていたボクは、ビールの入ったグラスを掲げた二人を見て「今日は少しだけ飲もう！」と決めていた。午後二時なのにイロンゴ氏はすでに深酔いの域で、日々の自転車通勤で焼けた顔が赤黒くなっている。傍らには大瓶のレッドホースが二本転がり、すでに三本目に移っていた。マレー系には珍しいイロンゴ氏のシンキットマタ（細い目）が、さらに細くなっていた。さっそく予備の椅子を差し出してくれたので、「じゃあちょっとだけ」と座った。

イロンゴ氏はボクが忘れかけているヒリガイノン語で話しかけてくる。いちいち尋ね返さずに相槌を打っていると、こちらが理解していると思い込み、話は止まらなかった。酔っている時の彼はやたらベタベタ手を握ってくる。親近感も増して顔を近づけてくるので、吐く息が顔にかかって息苦しい。避けるために、まとわりつくゲート向かいの犬のブラウニーを前かがみになってあやし、膝小僧や手をペロペロ舐めさせる。どちらも暑苦しく、熱帯の気候に心底参るのだった。

幅一メートルのその路地にはバイクも平然と乗り入れてくる。バイクや人が通るたびに椅子を移動させる。路地を少し入った家の奥さんが、子どもを残して買い物に出かけた。顔見知りなので挨拶を交わすと、昼から飲んでいるのに嫌な顔一つせず笑顔を返してくれる。一人家に残された四歳ぐらいの女の子は、窓に張り付いて母親を見送っていた。見えなくなってもまだこちらを眺めているので、変な顔を作ってからかう。一〇分ぐらいして母親の姿が目に入ると、それまで遊んでいたにもかかわらず、途端に泣き出す表情になった。どれだけ心細かったかを伝えるかのように「ナーナイ、ナーナイ（お母さん）」と幼くして女優ぶりを発揮した。

その間にもグラスが四周は回った。少人数で一つのグラスを回すタガイ式は実にペースが早い。家には読まなければならない本が溜まっているので、昼間からできあがるのは避けたいところだ。

ビールが底を尽くと歯抜けさんが「もう一本、買ってくるわ」と言い残して表通りに消えた。そのまま五分経っても一〇分経っても戻ってこない。彼の家はそこから見えるので帰ったわけではない。「あいつ、どっかに寄り道してるんだ」とイロンゴ氏。想像通り別の友人と遭遇した歯抜けさんは、意気投合して飲んでいた。夕方、たまたまその現場を通りがかって知ることになる。

代わりにボクがビールを買ってくると、イロンゴ氏は路地を通る見知らぬ女性たちに、歯の間から「シュッ」と空気を抜くコブラのような合図を送り、「ダイ！」と囁きかけていた。ヒリガイノン語で若い女性への呼びかけだが、彼の言い方には、いやらしい響きがあった。こうした行為は、ケソン市に以前からある「セクハラ防止条例」に抵触する。見知らぬ女性への路上でのそうした呼びかけは軽犯罪なのだ。言葉や仕草によるセクハラに対しては罰金一〇〇〇～五〇〇〇ペソまたは禁固刑一カ月が科される。実際のところは相当しつこい相手でない限り訴えられることはない。

ゲート脇には最近越してきた、隣近所とつき合いの薄い家族が住んでいる。「飲み」連中とその一家が交流する姿を見たことがない。家の真ん前に毎日「飲み」の席が出現し、時にギターやジャンベ、カラオケ機まで設置されるのをどう思っているだろう。この場所に家を買ったことを、彼らはさぞかし悔やんでいるのではないか。いっそ飲み仲間になれば気は楽だろう。ただ、仕事と家族を優先する真面目な父親だからこそ、ここにマイホームを構えられたに違いない。

その一家三人が揃って帰宅してきた。ボクたちのすぐ横でこちらに背を向けた父親が南京錠に鍵を差し込む。その手元を今か今かと見つめている母と娘。娘は私立中学の清楚な制服を着ていた。イロンゴ氏はどこかいやらしい視線で娘を眺めていた。しばらくして娘が家から出てくると、イロンゴ氏はすかさず「ダイ！」と例の言葉を囁き、あっけなく無視されていた。

軍人だったイロンゴ氏

「オレは一九九八年から二〇一五年までイロイロ市の国軍兵士だった。軍隊内じゃ暴力が多くて大変だった」と、イロンゴ氏は酔いにまかせて語りだした。軍隊内にも麻薬が蔓延し、規律という名目で先輩から酷い暴力を振るわれたそうだ。

その日彼は、「ミンダナオ島のマギンダナオ州で起きた事件に関わっていた」と告白した。それは「ママサパノ虐殺事件」と呼ばれる、二〇一五年一月に起きた警察特殊部隊四四人とイスラム系武装勢力一七人、それに民間人四人が命を落とした謎の多い事件だ。

東南アジアを拠点に活動するジェマ・イスラミアの指導者マルワンを捕獲する作戦に、アキノ大統領が秘密裏にゴーサインを与えた。犠牲者が多く出たことで事件が明るみになり、大統領の失態と体質が追及された。テロリスト側に軍を通じて情報が洩れることを警戒し、事前に軍に作戦を報告していなかったことも隊員の被害を大きくした要因だといわれる。この事件にパナイ島で軍人だった彼が実際に関わったのか、真相を知るには彼は深酔いしすぎていた。

事件後、軍を退いたイロンゴ氏は、妻の実家があり、父や親戚が住むクルス・ナ・リガスに越し、有名な女優のボディーガードをしていた。

「ほら、『Super Ma'am』ってドラマに出演してる女優。いい仕事だったんだけど、彼女のマネージャーと給料で揉めちゃってさ……」

その後、アメリカ人実業家一家のボディーガードに変わった。

「ボスは九〇歳の高齢だよ。しょっちゅうフィリピンに来ては、一〇〇万ペソが入ったスーツケースを持ち歩くんだ。危なっかしくて。もちろんオレは銃を携帯してるけどね」

警戒する相手は強盗や誘拐犯だ。ボスは「私の身に何かあったら、いつでも銃をぶっ放せ」と常日頃から指示しているそうだ。フィリピン国内で金持ちの外国人の命を守るため、貧しいカババヤン（同胞）に銃を向ける仕事に、ボクはどうしても違和感を覚える。イロンゴ氏は「変なやつが多いからやる時はやるさ」と、ボスへの忠誠心より給料を理由にその辺は割り切っているようだ。

彼の給料は月一万八〇〇〇ペソで、フィリピンの平均とされる約一万一五〇〇ペソより高い。それでも妻が専業主婦で、子どもの教育費や故郷から呼び寄せたイロンゴ氏の両親用の建てかけの家、彼らの生活費を彼一人の働きで賄うとなると、充分な額ではない。不足を補うために、両親の家の庭でネグロス島から取り寄せた闘鶏用のシャモ十数羽や鶏を飼っている。闘鶏で一万六〇〇〇ペソの賞金を手にしたこともあったという。

したたか酔っているのに、「今日も夕方から仕事だ」と言う。彼らのバイタリティーには感嘆する。それにしても「眠気覚まし」と称して飲むのは、もはやアルコール中毒のレベルだと思う。そんな夫の身を案じて、妻はしきりに「田舎に帰ろう」と言っているが、彼は聞く耳を持たない。彼らの田舎であるパナイ島イロイロ市は、ビサヤ地方ではセブ市に次いで大きい街だ。

「確かにいい街だけど、マニラでありつけるような仕事はないよ。とはいえ、ここで仕事していても家族みんなで帰省する金は貯まらないし、今もう一本買う金すらもない」

　里帰りする資金も日々の飲み代となって消えるようだ。

　このあたりから話がおかしくなってきた。イロンゴ氏は「金を貸してくれないか」とせがみ始めた。額はビール一本分とは程遠い五〇〇〇ペソ（約一万二〇〇〇円）だった。

「代わりに、家にある国軍時代のＭＭ31（拳銃）を売るよ。どうだ」、と次第に銃の商談に変わっていく。銃を持っていることに驚くと同時に、軍に返さないでいいのかな、と不思議に思う。しかも「銃のライセンスはきちんと取ってある」と言うのだからめちゃくちゃだ。そうやすやすとライセンス付きの銃を人に売り渡して問題ないのだろうか。

「銃を抵当に五〇〇〇ペソ貸してくれ。オレが金を用意できたら銃を返してくれればいい」

　すぐ近所にライフル銃を所持する家がもう一軒あるのは知っている。そちらはライセンスのない、近場のムスリム居住地で違法に手に入れたものだ。

　イロンゴ氏はかつてバランガイにいたコントラ（敵もしくは嫌いなやつ）の話をし始めた。「頭にきて、そいつの頭にこれを突きつけて脅したんだ」

　それは今飲んでいる一見平穏なこの路地での出来事だ。近場であってもボクの知らないことは多い。

「別の場所で別のコントラを威嚇したこともある。その時には銃弾を二発、空に向けて撃った」

このイロンゴ氏、どうやら危険人物のようだ。しまいには何もしていないボクを脅し始めた。

「お前はタガログ語を知っているからオレたちはわかり合える。何かあったらいいヤツだから守ってやるさ。でもな、もしオレのことをバカにしたら、窓越しにお前の家に照準を合わせることもできるんだぜ」

妙な状況に困り果てていると、もう一人の銃の違法保有者で、大学で犯罪学を専攻している警察官志望の青年が通りかかった。近所なのでイロンゴ氏とはもちろん顔見知りだ。それなのにイロンゴ氏は、突然立ち上がると彼に突っかかっていった。

「この路地の奥に頭がおかしいやつ住んでるよな？」

「あ、あいつ？」

「そうだ、あいつ。あいつな、お前がマリファナ吸ってるって言ってるぞ」

「え、吸ってないよ。あいつおかしいんだ。信じるなよ、そんな話」

「本当に吸ってないんだな？　お前、ここでそんなもの吸ったらただじゃ済まないぞ」

かなり物騒なやり取りだった。青年はドゥテルテ以前、ジャンベを叩くボクの目の前で大麻を吸っていた。「どうだい、やらないか？」と誘われもした。その後、彼はバランガイの公園で吸っていて監視カメラに写り込み、バランガイスタッフに追われて間一髪で逃れた。以来彼は、路地のずっと奥の方で仲間たちと隠れて吸っている。それはまさしく「あいつ」の家の前だった。ボクはこちらに火の粉が飛んでこないよう、二人の銃所持者たちの間でハラハラしていた。イロンゴ氏にチクッたのがボクだと疑われる可能性もあったからだ。

「麻薬戦争」で暗躍するビジランテ

それまで、「飲み」グループの一員にすぎないイロンゴ氏がどんな人物か、まるっきり知らずにきた。想像を思いっきり膨らませれば、こうしたシナリオも考えられる。

彼のように元軍人や警官で正義感が強く、一方で銃を横流しできるモラルの持ち主は、金に困ったらドゥテルテ政権が進める「麻薬戦争」に、ビジランテ（自警団）で参加しかねない。実際ビジランテは、「社会正義」だと自らの行いを正当化しながら、褒賞金を目的に麻薬に絡んだ人を暗殺している。そんなポテンシャルを秘めた人がフィリピンには多い。ドゥテルテはそうした「フィリピン人気質」を熟知しているので、確信犯的に世論を扇動している。実際、警察内外の処刑請負人へ褒賞金が流れていることは、アムネスティ・インターナショナルが明らかにしている。

ドゥテルテは社会の不安材料である犯罪者を減らして、ダバオ市で実践してきたように「浄化」した土地に、企業優遇政策で海外投資を呼び込み、雇用を増やす成長戦略を描いている。六カ月で終わるとした麻薬せん滅作戦は、向こう一年、後に自らの任期いっぱいまで延ばし、彼を支持する世間を巧みに焚きつけ「超法規的殺人」を続けている。この国の人びとは人の死に慣れすぎてしまった。「戦争」にはそうした要素が付きものだ。

イロンゴ氏はそれからだいぶ後に「モロを五人殺した」とも語った。モロとはフィリピン人ムスリムの総称で、歴史的には蔑称として使われてきた。それは二〇〇〇年のエストラダ元大統領の時代のことで、「ミンダナオ島のスルタンクダラット州でイスラム分離独立派とぶつかった時だ」という。その時彼も「脚の付け根に銃弾を受けた」と言って短パンをめくり、痕を見せてくれた。「酔いが回ると軍にいた時の記憶が蘇ってくるんだ」、と辛そうな表情をしていた。

彼の告白が事実か誇張かはわからない。軍人という職業上、彼は国家が「敵」と見なした同胞を自らの手で殺めてきた。ドゥテルテは麻薬に絡んだ情報提供や密告を奨励し、時に高額の褒賞金を与えてきた。より良い社会発展に貢献する、という人々の純粋な部分に訴えかけ、「前向き」な空気を蔓延させてきた。

銃を正式に保有している人間は、登録を通じて警察に個人情報を押さえられている。彼の逼迫した経済状況に、公機関がなんらかの働きかけをすれば、「社会に貢献する仕事」は容易に生まれる。フィリピン社会の根底には、そのような土壌や現実が昔から変わることなく横たわり続けている。

翌日の晩、フラフラに酔っぱらった足取りのイロンゴ氏と、路地でばったり出くわした。

「昨日はすまん、本当にすまなかった」

「いやいや、気にしないでいいって」

努めて笑顔を見せるも、彼は本当にすまなそうに謝り続けた。

「酔っぱらってたとはいえ恥ずかしい。銃の話はどうかみんなに黙っていてほしい」

そんな言葉を吐く息がまた酒臭かったので可笑しくて笑った。

「うん、わかった。また近いうちに飲み直そう」

彼には酔わなければやっていけない何かがあるに違いなかった。狭い路地で肩を並べて歩き、ゲート前でそれぞれの家へと別れた。

ラミの里帰り

逮捕されたラミの父親

あまりの暑さにパンツ一丁で部屋にいると、玄関先で人の気配がした。開けっ放しのドアから顔を覗かせたのは、近所に住む日焼け顔のラミだった。

「ああ、お帰り！　確かネグロスに行ってたんだよね？　田舎はどうだった？」と軽い調子で声をかけたところ、ラミからの返答は意外なものだった。

「それが最悪なのよ……」

格安を売りにした航空会社セブパシフィック航空が、より安かった他社を買収して、競合相手がいなくなったことで、航空運賃を上げていた。ラミはその会社に対する非難を始めた。

「行きからして二時間遅れよ」

休みづらい仕事の合間を縫った予約だった。

「なんで毎回遅れるのかしらね、セブパシフィックは」

〈最悪ってそれ？〉とボクは頭の中で反芻していた。今回彼女が里帰りした理由を考えるとそれだけではないはずだ。彼女の話が核心に向かうまで待つことにした。一段落ついたところを見計らって尋ねた。

「それで、お父さんはどうだった？」

今回の帰省にはラミの父親の事情が大きく絡んでいた。前年のクリスマス、ラミの九人兄弟の長女宅にボクは招かれた。その家にはサンデーの家族やジェプ一家に加え、ラミの父親も来ていた。彼は底なしに飲んだ。酒が回ってくると若気の至りで放蕩に明け暮れた話をし始め、女性を口説くテクニックを面白おかしく自慢する。それから二年前に亡くした最愛の妻の話、そして九人の子どもたち全員がマニラで暮らしていること、一人郷里でカラバオ（水牛）と過ごしている話になっていった。年季の入ったブーツに革のジャケットを引っ掛けた父親が屈託なく話す姿に、「カッコイイ父親だなあ」と思った。彼の語り口には、「早々と学校からドロップアウトした田舎の人特有」の枠にはまらないユーモアが満ち溢れていた。

パーティーでは、ラミの長姉が飼っていたアヒルが一羽屠られた。クリスマスや誕生日などイベントに合わせて、鶏やアヒルを殺して調理することは別段珍しくもない。でもこの日の調理は一風変わっていた。アヒルの首に包丁で切り込みを入れた後、通常であれば熱湯を注いで毛抜き処理をする。ラミの父親は熱湯の代わりに中庭にある近代的なガスバーナーの上にかざして、バチバチと羽を焼き始めた。野生の皮が焦げる匂いや煙で、その場にいた誰もが顔をしかめていた。

そんなワイルドな父親がクリスマスの少し前に、敷地に侵入してきた二人組に突然ボロで襲われ、なぜか彼が三日間警察署に留置されていたという。ボロとは農村の男たちであれば誰もが腰に携帯する重みのある蛮刀《ばんとう》だ。釈放後一時的にマニラへ逃れていた彼は、年を越して島に戻ると、村のバランガイキャプテン立ち会いのもと、彼を襲ったという相手と話し合いをもった。選挙で選ばれた現在のバランガイキャプテンは親戚だという。

山々に住居が点在する農村地帯にもバランガイはある。バランガイで問題が起きると、線引きは曖昧だけれど、おおかた刑事事件に満たないレベルの案件はバランガイオフィスで受け持つことになる。いわば「村の調停人」として両者の間に立って処理する義務が課されている。

それはボクの住む都会のバランガイでも同様だ。担当スタッフが分厚いノートに手書きで、双方から聴き取り記録していく。バランガイの監督のもと、いがみ合う両サイドから言い分を聞き、妥協点を見いだして、合意のサインを交わし解決までもっていく。こうして事件に発展するのを未然に防ぐクッションの役割を果たし、また、裁判になると生じる、煩雑な手続きや費用、長期的な審理にもつれ込ませないための工夫だともいえる。いわば「フィリピンの村社会の伝統」に則ったスタイルの焼き直しだ。

そうした話し合いで解決したかに見えたが、今度は父親が加害者として殺人未遂の罪で警察に捕まったという。

「それがね、田舎に戻った後、父親は別の事件を起こしたの。酔った勢いでボロを振り回して、近所に住む人を切りつけてしまったというの」

深夜郷里に着いたラミは、翌朝、トライシクルで二時間ほど離れたシパライ市の警察署へ父親を訪ねた。すると「すでに刑務所に移った」と言われた。指定された刑務所へ向かい、手続きを経てようやく父親と対面することができた。

「やっと会えたのに、面会時間はたったの五分よ。信じられる？」

刑務所内での食事代は自分持ちだ。現金の持ち合わせがなかった父親は、同房の人たちから少しずつ食事を分けてもらい食い繋いでいた。以降は、ラミや兄弟たちがシパライに住む親戚に毎週五〇〇ペソを送って、食費や必要な物の定期的な差し入れをお願いした。

「私たちは忘れていないよ、っていう目に見えるサインになればと思うの」

その時はまだ保釈金の提示もされていなかった。

フィリピンでは刑事事件であっても、なかなか裁判が開かれないどころか、無料の弁護士制度すら適用に与ることは難しい。個人で弁護士を雇う金のないラミの父親が、どれくらい収監されるのか誰にもわからない。

ボクがクリスマスに訪れた長女は、やや裕福な暮らしぶりをしていた。私立大学に通うあか抜けた二人の娘は、ドッとやってきたラミたちに関心を示さなかった。そんな長女一家が、父親を支える費用の共同分担以外に、特別に手を差しのべた形跡はない。カツカツの生活をしているラミや妹たち、唐揚げ屋を営んでいたサンデーも同額を負担していた。なんとか休みを取って現地に飛んだラミが、情報収集やら連絡やら父親のために最も尽力していた。

父親の処遇

父親がいない家に女性一人で泊まるのは危ないので、帰郷の間、ラミは父親のおじの家に身を寄せた。高齢のおじは、タガログ語で「おじいちゃん」を意味する「ロロ」と呼ばれていた。ラミは空いた時間を積極的に使って、父親が切りつけた被害者の男性や近隣の親戚、知人、そしてバランガイキャプテンと会った。

父方の親戚はみな、ラミの父親を恐れていた。彼に切りつけられた男性も実は親戚で、ラミの従妹の夫だった。「恨みを受ける覚えはない」と、ラミに事件の晩のことを話してくれた。

「あの晩は自宅に招いた仲間たちと飲みながら、カラオケを楽しんでいると、突然あいつがボロを手に入ってきたんだ。オレの頭を目がけて打ち下ろしてきたんで、それを両手で防いだ時の傷がこれだ。間一髪だったよ。もしあいつが刑務所から出てくるならオレたちはもうこの村には住めない」

「村から出る必要はないわ。父親には刑務所にいてもらうから……」

それは彼女や兄弟たちがあらかじめ話していたことだ。ラミは詫びる以外になかった。

ボクは彼女の話を聞きながら、あれほど楽しく人懐っこい性格の彼が、酒を飲んで豹変することが信じられなかった。「自分は殺される」とラミに語っていたようで、被害妄想から周りの人を襲ったに違いない。問題の一端はアルコール依存症にあるようだった。

「刑務所にいる限りお酒は手に入らないからリハビリになる」とラミは考えていた。親戚のバランガイキャプテンも、「刑務所に入ってくれてほっとしている」と胸の内を語ったという。地域住民の代表を務める彼は、親戚が起こした事件だけにバランスをとるのが難しく、解決には手を焼いていたようだ。通常バランガイの規則では、身内が絡むケースは扱えないことになっている。

ある晩、ラミが家の外に出ていると、見知らぬ女性が接触してきた。その女性は「新人民軍（NPA）のメッセンジャーとして警告を伝えにきた」と言う。

新人民軍とは、毛沢東路線を継承して農民による人民革命を起こすべく、半世紀にわたってフィリピン国内で活動する共産党の武装部門だ。山中でのゲリラ戦略をとってきた。マルコス政権下（一九六五－八六年）初期に、フィリピン共産党（CPP）を結成したホセ・マリア・シソンが、大地主制による農民搾取を終わらせるべく、活動を指導していた。

今もなお農村や山岳地帯で活発な活動を行なっている新人民軍のメッセンジャーが、ラミに伝えた内容は次のようなものだった。

「村の平穏を維持するため、あなたの父親が刑務所から出てきたら人民軍裁判にかけることが検討されている。場合によっては処刑の可能性もある」

バランガイの前キャプテンは新人民軍の元幹部だった。農村では家族の誰かがメンバーの家が多く、ラミの父親の従兄もゲリラだという。

時々、山の隠れ家から降りてきたゲリラが米の供出を頼むことがあるようだ。新聞には「ゲリラが強制的に徴収する革命税によって農民が苦しめられている」と一方的に書かれがちだ。

アメリカ統治が第二次世界大戦の終戦翌年まで続いたフィリピンでは、共産主義に対する視線は厳しく、法律上の非合法扱いは解かれているものの、政府との間で交渉が決裂した後に、ドゥテルテは「テロリスト」に指定し、「支持者」と見なして農民や人権活動家などを摘発するケースが多く発生している。実際に話を聞けば、少なくともここのバランガイやその周辺での新人民軍の評判は悪くない。なぜなら革命税を課す対象を、この辺りでは徹底して資本家や政治家などに限定しているからだ。かつてバスがゲリラに乗っ取られた。乗客は全員すぐに解放されたが、バス会社の社長は要求された一〇〇万ペソ（約二一〇万円）を拒み、バスは燃やされた。

ラミの父親は近隣に駐屯する国軍兵士や共産ゲリラ双方の間でニュートラルな立ち位置を守ってきた。どちらの兵士にも一〇代の若者が多かったので、父親は双方に「絶対に一人で隊を離れるな」と忠告し、たとえ軍が高額の懸賞金を提示しても、ゲリラの隠れ場所を決して教えはしなかった。

ロロを巡る事件

四日間というラミの短い滞在期間の終盤に、それは何の前触れもなく起きた。ラミが泊まっていた家のロロが、夜半近所での恒例の「飲み」に出かけていた。どうやらラミが熟睡している間に一度帰宅してまた出かけたようだった。

真夜中に誰かの戸を叩く音でラミや家族は目を覚ました。

「ロロが大変だ！　すぐ来てくれ。あと毛布を忘れないで……」

暗くぬかるむ道を駆けつけると、ピックアップトラックの荷台に人が横たわっていた。ラミは気持ちをコントロールしながらも、やや感情的にその晩の状況を語ってくれた。

「荷台に横たわっていたのがロロよ。すでに息はしていなくて、持っていった毛布は彼を覆うためだったの」

現場となった家はゲートも柵もない、ニッパヤシ造りの粗末な家だった。家の中から外にかけて血が広がり、臭いが鼻を突いて、ラミはその場に長く留まれなかったという。

その家には主人と一五歳になる息子が住んでいた。農村の一五歳は一人前の労働者と見なされる。その晩の「飲み」に参加したロロと主人は、ちょっとしたジョークが原因で言い合いになったそうだ。「飲み」が終わり、いったん帰宅したロロは、狩猟用の銃と日本軍統治時代から家にあった日本刀を携えて自宅を後にした。結果として主人は重傷を負い、ロロは息子の返り討ちにあって命を落としてしまった。

ラミは「彼の死は犬死に以外の何物でもない」と呟いた。一時の怒りのために、代償をその命で払う羽目になった。そんな状況のなか、ラミはネグロス島を離れ、マニラに戻ったのだった。

ラミの実家を訪ねて

それからしばらくして、ボクはラミ姉妹と一緒にネグロス島の実家を訪ね、一週間滞在した。国道でトライシクルを降りて林道に入る。点在する家々を抜けて電気もない山道を一〇分ほど歩いた所に実家はあった。途中ぬかるみにズボッとサンダルを取られ、泥の水たまりに尻餅をついた。家の周囲に垣根はなく、そばを流れる小川を含めた「ここら一帯がうちの敷地」だと聞いた。

家には親戚の男性が無断で住み着いていた。中央に敷かれたブルーシートに、収穫したばかりの籾が山のように積まれていた。その男性はバツの悪さを感じたのか、フラッと出て行ったきりボクたちがいる間は戻ってこなかった。

家の脇を流れる小川で食器をすすぎ、手足や顔を洗った。石の下には蛭が多く生息していて、足をつけていると這い出してきた。飲み水は五〇メートルほど離れた井戸から運んだ。蓋のない井戸の水面には無数の虫の死骸がたくさん浮かんでいて、それを飲んだのが原因なのか、後半ひどい腹痛に悩まされた。でも、そこで育ったラミたちはなんともなかった。

家の裏手には見渡す限りの水田が広がっていた。その青々とした稲の間の畦道を歩いて五分、三つの墓石が突然現れた。

「ここまでが私たちの土地。母親や先祖たちはここに眠っているの」

ラミの母親は高校を出て結婚し、九人もの子どもたちを苦労の末に育てあげた。

「お父さんは飲んだくれでいつも賭け事ばかり。家にお金を持って帰ることはなかった。お母さんは近所の水田を回って稲刈りの手伝いをしていた。フィリピンは年に四回稲が実るでしょ（とラミは言うけれど通常は二回、多くて三回だ）。その都度あちこちの水田を回ったら、たちまち一年よ。刈った稲一〇〇本で太い束を作ると一束あたり二五ペソ（約五〇円）になる。早朝の四時から働いて、食事を作りに家へ戻り、私たち子どもの面倒も見ていたわ。そうして貯めたお金で豚を買って、家の裏で育ててたの。ある日、見知らぬ連中がその豚を連れて行ったの。どうしてかわかる？　父親が賭けの抵当にしたのよ。あの時ばかりはお母さん泣いてたわ」

当時を思い出したのだろう、ラミの声は湿っぽくなっていた。

マニラに帰る前日、ボクたちは刑務所へ向かった。他に足がないため、シパライの街までトライシクルをチャーターした。途中、土砂崩れ現場では一緒に車を押した。山がひだのように連なる景

田んぼの中のラミの生家。井戸がある場所からの眺め

色と水田の美しさに見とれ、何度も運転手に停めてもらいカメラのシャッターを切った。不思議と腹痛は止んでいた。

この日、父親の保釈に立ち会うことになった。刑務所暮らしが九カ月に及んでいた彼は、結核を患って体調を崩していた。刑務所では六〇人一部屋の想像を超えた劣悪な環境に置かれていたそうだ。保釈金六万ペソ（約一三万円）は、兄弟姉妹で出し合い、足りない分は親戚に預けていた父親のカラバオ（水牛）を売ることでなんとか賄った。

筋骨隆々だった父親はひどく痩せていた。彼の手荷物は破れたビニール袋二つだけだった。

海辺の親戚の家に落ち着き、夕方みんなで浜辺を歩いた。久しぶりの外の空気と家族との時間に、言葉数こそ少なかったけれど彼は感慨深げな様子だった。

事件の真相は

住み慣れた家に戻ることは難しい、とのラミの説明に彼は理解を示した。ただ、事の発端は自分にあるのではなく、「親戚や近隣の住民にある」と父親は言う。

「家の脇を流れているあの小川は先祖代々うちの土地なんだ。水を水田に引きたいって親戚や川下の連中に頼まれ、貸していたんだ」

それは一四世帯に及んでいた。その代わりに一度の収穫につき、米一袋（約二五キロ）ずつを受け取る「サンラ」の取り決めをしていた。所有権は数年を経て彼らに移る契約になっていた。それなのに早い段階から支払いが滞っていた。

「まるでみなで示し合わせたかのように、小川の水をタダ同然で使い始めたんだ」

彼はずいぶん前からそれに腹を立てていたようだ。もちろん話し合いの努力はしていたが、そのせいで周りからだんだん孤立し始めた。関係はますます悪化する一方だった。

体調不良を訴えていた妻は、一時クルス・ナ・リガスに移り住んだ。首都圏の病院で検査を受ける機会を待ったが、なかなか検査してもらえず、診断の結果が出てガンとわかった時にはすでに手遅れだった。

診断結果を家族から告げられないまま、妻はしきりに田舎に帰りたいと訴えた。そこで田舎に帰り、彼はそれまでかけ続けてきた苦労を償うように、一心に妻の面倒を見たが、ネグロスに戻って四カ月ほどで亡くなってしまった。

妻を亡くして三カ月ほどすると、彼はしばらく断ってきた酒に再び手を伸ばし始めた。彼が酒を断ったきっかけは、かつて酔って川べりで眠り、二日間頭が水に浸かった状態で意識を失っていたからだった。

「雨が降って水かさが増していたら死んでいたかもしれない」

奇跡的に意識を取り戻した彼は、それまでの記憶を一時的に失って「断片的な記憶は少しずつ戻ってきたんだが、まだ多くの記憶が抜け落ちている」という。

妻の死後、「妻にかけてきた苦労の埋め合わせができなかった」と自らを責め、周辺とのトラブルがさらに追い打ちをかけた。

ラミは「最初の二人組に襲撃されたという事件の事実確認はまだ取れてないの。もしかしたら父親の妄想かもしれない。だって、父の体にその時受けた傷がないし、父が犯人の一人だって言う人に聞いても、はっきりしたことがわからないの」と疑っている。

一方父親は、「彼らにはめられたんだ。最初の事件は本当だが、自分は襲撃などしていない」と語った。

その後ボクたちと一緒にマニラに飛んだ父親は、ラミの家を皮切りに近郊バレンズエラ市に住む子どもたちの家を転々とした。その理由は、田舎と異なり勝手がわからず、することもないので酒を飲んでは子どもたちと喧嘩をしていたからだ。ほとぼりが冷めるまで他の子どもの家で厄介になる。そんなことを繰り返していた。彼とばったり会うと「田舎に帰りたい」としきりにこぼしていた。

平均寿命が七〇歳のフィリピンで、六〇代はすでに高齢の域にある。故郷であれば少なくとも水田や畑を耕せる。家に戻ることがなければ、広大な土地や生活基盤すべてが無に帰してしまう。

裁判のため島へ戻るよう要請を受けた彼は、その足で家に帰った。現職のバランガイキャプテンが彼の保護役を引き受けたという。生まれ育った故郷しか、彼の居場所はないように思える。ラミの話では日々農作業に勤しんでいるそうだ。

ミルナの孤独

知らない番号からのメッセージ

時刻は夜八時半を過ぎていた。相手のわからない携帯メールにボクは戸惑っていた。どこで会ったのか手短に尋ねると、「前にバーで一緒に飲んだ」という。そうして約半年前のある晩の記憶に思い当たった。

その晩、近々アラブ首長国連邦のドバイへ出稼ぎに行くドゥークと、ケソン市の繁華街へ飲みに出かけていた。彼はまだ二〇代半ばで、兄がいるドバイで、「これから一旗揚げるぞ」と息巻いていた。

ドゥークと飲みに行ったのはたまたまで、「飲み」の席を梯子していたボクは、深夜零時を回ってアパートに帰るところでドゥークにばったり出くわした。

彼はビサヤス地方のパナイ島出身だ。高校卒業後、先にマニラで働いていた兄を頼って上京し、都心の有名大学に通った。彼ら一家のパイオニアである兄は、弟の進路への協力を惜しまなかった。

英語好きのドゥークは、テレビやインターネットで学んだネイティブ風の発音を駆使し、近年フィリピンで成長著しいBPO（ビジネス・プロセス・アウトソーシング）の一つであるコールセンターの職場を転々としていた。ただ、彼はどうも一カ所に長続きしない質らしかった。趣味はギターとジム通いで、ギターを掻き鳴らすと上腕筋が不自然に盛り上がった。

すでにできあがっているボクとは対照的に、ドゥークはどこかへ飲みに行きたそうだった。彼のドバイ行きが間近に迫っていることを知り、送別も兼ねて久々にティモグ地区へ行くことにした。彼と以前入ったことがあるハートビートに向かう。ステージ上では女性ダンサーがセクシーに踊っている。ボクたちはビールを注文し、ボトルの口を拭いて飲む。席に女の子たちを呼ぶ持ち合わせはないので、女の子たちと騒ぐ年配のフィリピン人グループや欧米、中東系の客たちとダンサーたちを交互に眺めていた。三〇分も見ているとそんな光景には飽きてしまう。次にテレビモデルやバックダンサーの供給源と噂されるバーに行ってみる。店内を見渡すとボクたち以外客がいない。それでママさんと挨拶を交わしただけで店を出た。

知り合った頃のドゥークはまだうぶで、バーやクラブに関心の「か」の字も示さなかった。彼の初めての夜遊び体験は、一緒に行った踊れるバー、パディスポイントだった。床に広がった小便が臭うトイレで鏡を見ながらせっせと髪をかき上げ、袖をまくり直し、「埋もれている魅力」を発掘していた。そんな彼が、一転して今では遊びに精を出してボクを先導していく。

最後馴染みのバーに向かった際、ボクはかなり酔いが回っていた。

その店は屋外スペースと「ＶＩＰ」という無料の室内空間に分かれている。一〇時以降はどちらも相当な賑わいになる。ＤＪが流す音楽は、洋楽やフィリピンのヒットソングの寄せ集めでオリジナリティーに乏しく、音量ばかり大きい。そこに目をつむれば店の雰囲気は良く、ドリンクも概して安めの設定だ。自分を含め、日頃からつるんでいるフィリピン人仲間は、ハイエンドな店には手が出ない。それでボクらはこの辺り以外の店を知ることはない。

金曜の晩のＶＩＰ席はすでに満員だった。入口で入場者をさばくバウンサーが「満席だから別の店に行け」と言う。そこで顔見知りのバウンサーを探し、五〇ペソを渡し、ＶＩＰに入れてもらう。それから女の子だけのテーブルを探し始めた。

「あそこはどうかな？」

ボクは内気そうな二人が座っているテーブルを見つけた。席はソファー式かベンチ式で、テーブルはどれも四人から六人掛けだ。

「じゃあカオル頼んだぞ！」とけしかけられる。酒の勢いも手伝って一人に近づくと、鳴り響く音楽と喧噪を遮るように、耳元に顔を近づける。

「席を探しているんだけど、一緒に座ってもいい？」

二人は手短に何かを確認し合うと、「うん」と返事してくれた。「ありがとう。すぐ戻るよ」と言い残し、ドゥークを呼びに行くと、彼の意識はすでに別のテーブルに移っていた。

「あっちの子たちのほうが可愛い」

「とにかく座ろうよ。それから考えればいいじゃん。嫌なら自分でアプローチすれば」

勇んで向かった彼は見事に撃沈した。その間にも先の二人に男たちが話しかけていて、戻る機会を逸してしまった。そうしてフロアー内をうろうろしていると、背後から声がかかった。

「座る場所を探してるの？　ここに座ったら」

それがミルナだった。

ミルナたちのテーブルで

テーブルには男女五人がいた。詰めてもらって、ようやくソファーに落ちつく。ビールを注文しようとしたところ、ミルナの友人が、隣のテーブルからレッドホースの瓶二本をサッと盗ってきてしまった。「えっ!?」と隣のテーブルの客を見やると、一人で座っていた女装の美しい「娘」も「えっ!?」という表情をしていた。でも多勢に無勢と思ったのか、何も言ってこない。なぜだか隣のテーブルには手つかずのビールが何本もあった。ミルナの友人はそれに目を付けていたのだろう。

若干胸が痛んだ。でも流されるままにドゥークとただ飲みした。真横に座ったミルナは、ズケズケした印象だった。ボクが日本人だと知ると、途端にたどたどしい日本語を話しだす。

「むかし日本でエンターテイナーだったからね」

彼女とどんな会話をしたのかあまり覚えていない。正直、顔も忘れてしまっていた。ドゥークは相変わらず「他のテーブルに移りたい」とボクに耳打ちし、一人フロアーを回って好みの女の子を探していた。

午前三時を過ぎていただろう。とりとめない話をしながら、ボクはその晩の長さに疲れていた。しばらく記憶が飛んで、気がつくとドゥークが隣のテーブルにいた「娘」と、通路向かいの空いたテーブルで話し込んでいた、と思うと突然彼女がテーブルに顔を伏せて泣き始めた。ドゥークは恋人のように優しく彼女をなだめている。それを見ていたミルナがボソリ「あなたの友達、ゲイよ」と言った。

ドゥークが戻ってきたので「何があったの?」と聞く。

「実は高校のクラスメートなんだよ、あいつ」

パナイ島時代の同級生とこんな場所で出会うだろうか、と疑問に感じながらも納得する風を装った。

「頼みがあるんだけど、あの子をなだめてやってくれないかな。なんだかオレのこと怒ってるみたいなんだ」

どうしてボクがと思いながら、突っ伏している彼女の隣に腰を下ろした。肩を軽く揺さぶると、眠っていたようだ。ビクッとして顔を上げた。「やあ」と挨拶すると顔を伏せてしまった。もう一度つついて「ドゥークと何があったの?」と尋ねると、「関係ないでしょ」ときた。「うん、まったく関係ないよ。で、どうしたの？」

ボクもだけれど、彼女もだいぶ酔っていた。ようやく顔を上げてくれたのはいいけれど、ボクの肩に頭をもたせかけてくる。次第にその距離が近づいてきたので、ボクは席を立った。一部始終を見ていたミルナがボソリ「あなたもゲイね」と言った。

「お腹が空いたわ。何か頼んで」とメンバーたちにせがまれ、ボクはドゥークに視線を送った。彼の顔には「オレは嫌だ」と書いてあった。

「じゃあ、とりあえずフライドポテトは？」

すると「あなたたちケチね」と言い残し、一方的に会計を済ませて帰ってしまった。向かいの「娘」の姿も消えている。午前四時を過ぎ、ボクとドゥークは閑散としてきた店を出て、酔いと疲れのなかタクシーを拾った。

飲みの帰りによく寄るバランガイのお粥屋でドゥークと最後の朝食を食べた。最近店を切り盛りしていたおばあちゃんが亡くなり、息子たちが後を継いでいた。代は巡り巡っていくのだ。「ドバイでいい仕事を見つけて生涯暮らすつもりでいる」と夢を語るドゥークとは、生きているうちに会える日が来るのだろうか。ひんやりと澄んだ早朝の空気のなか、お粥から立ち昇る湯気が疲労した胃をそっと温め、友との別れを優しく包んでくれた。

今から来てほしい

それから半年経って、突然ミルナからメールを受け取ったのだ。ボクは携帯番号を教えていたようだ。短文で「今どうしてる？」と訊くので、「家だよ」と同じように素っ気なく返す。

「家はどこ？」

「ケソン市のフィリピン大の近く」

「今から会いたい」

「えっ、今から？　どこに住んでいるの？」

「サンタメッサのバコオド。今から来てくれる？」

サンタメッサは知っている。でもバコオドという地名には心当たりがなかった。グーグルマップで確認してみると、行けない距離ではない。時々マニラへ出張で来る日本人の友人とタクシーで通り過ぎた辺りかな、と目星はついた。確か妙なホテル街がある辺りだった。

「他に誰かいるの？」

「あなただけ」

「電話してほしい」と続けざまのメッセージ。

「電話はかけられないプランなんだ」

電話は避けたかったので軽く嘘をついた。時間は九時半になっていた。彼女が「早く来てほしい」と急ぐ理由は、翌朝仕事があるからに違いなかった。少し考えて〈行ってみるか〉と決めた。相手の顔すら思い出せない不安のなか、支度して家を出る。

タクシー待機所に一台だけ停まっていたタクシーを覗くと、運転手が眠っていたので、窓をノックして起こし、「バコオド」と告げる。年配の運転手は、ラジオから流れるエアーサプライの曲を口ずさんでいた。ボクも時々一緒に歌った。

そんなハーモニーに満ちた車内の平穏を破ってメッセージがしきりに届く。「今どこ?」としつこいので放っておくと、送り損じたと思ったのか同じ内容が再送信されてくる。「どこ?」と聞かれても「ケソン・アヴェニュー駅」「アラネタ」「LRT（ライト・レール・トランジット、首都圏を走る電車）が見える」「公園の先を右に折れた」と、その都度報告するしかなかった。近づくにつれて不安がどんどん募る。

「もしかしてギャングが一緒じゃないよね?」

「ははは、もちろんよ」

仮に罠であっても、正直に答えるはずはない。バコオド地区の指定された通りで降り、人通りが疎らな路上に乗り捨てられたトライシクル脇に腰を下ろす。

「ここで待ってるよ」

「わかった。少し待ってて」

無人だと思い込んでいたトライシクルの中からこちらをジーっと見る目とぶつかり、身震いがした。年老いたおばあちゃんの寝床になっていた。五分ほど視線に耐えて座っていると、ミルナが現れた。時刻は一〇時半になろうとしていた。

部屋着で現れたミルナの姿を見て、最初びっくりした。正確な歳は聞いていないけれど、五〇過ぎに見える。果たして半年前に飲んだ同じ人なのかと疑った。確かにたどたどしい日本語はあの晩と同じものだった。

「寂しかったんだね」

ミルナはこんな時間にやってきたボクをねぎらった。〈寂しかったんだろうか〉と自問自答した。彼女の言葉は的を射ている気がしなくもなかった。

「じゃあ家に行こっか」と陽気に腕を回してくる。「家にって……う〜ん、じゃあ」とそのまま彼女の家に向かう。路上にたむろする少年たちが興味深げにボクらを眺めている。

「ここに住んでるんでしょ？　周りの人たち噂しない？」

「そんなの平気よ。あなた気にしてるの？」

ボクは自分がした質問を返されて、見透かされた思いに気恥ずかしくなった。

表通りから裏通りに入った途端、閑静な住宅地へと様相が変わった。三台は入る大きな車庫を備えた一軒家風の「アパート」の前で立ち止まったミルナは、おもむろに鍵を取り出した。

「え、ここがミルナの家？　もしかしてお金持ち？」

彼女の耳には届かなかったのか、車庫の脇にある戸口を開けて中へ入っていく。洗濯物が所狭しとぶら下がり、車が一台停まった真っ暗な車庫内で、声のトーンをやや絞りながら言った。

「まずわたしのボスに挨拶してね」

〈ボス？　ボスって誰？〉と訝しんでいると、車庫に面して並ぶ扉の一つをミルナは軽くノックして押し開けた。部屋の中を覗き込むボクの目に、半裸のままソファーに横たわり、テレビに見入る男の姿が飛び込んできた。色白の中華系の男で、肩にいかつい龍のタトゥーが入っていた。〈うわ、出たー！〉と内心思いながらも、落ち着きを装い「ハロー」と挨拶する。ミルナはボクとボスが互いに確認し合ったのを見て、「外に行こう」と誘った。アパート脇に電気メーターを囲った背丈の低い鉄柵がある。「ここに座って」と柵をあてがわれる。彼女もボクの隣に腰かけて安堵の表情を見せた。

「座り心地悪くてごめんね」

ようやくミルナがここで何をしているのか、あの「ボス」とはいったい誰なのか、そうした疑問を尋ねる機会がやってきた。

メイドという仕事

「ここはボスの持ち家なの。一階に三部屋と二階にも三部屋。二部屋をボスたち家族が使っていて、その他はどれも貸し部屋よ。部屋代は一カ月一万三〇〇〇ペソ（約三万円）、高いでしょ。一階奥の小部屋に私は住んでいるの。そこは物置みたいな場所だからタダ。この家でわたしは家族の身の回りの世話やボスの子どもの面倒を見ているの。一人っ子の男の子でまだ小学生。寝る時は奥さんと一緒だから、私は今ここにいられるの。許可なく勝手に出かけられないから、あなたが訪ねてくるって伝えて、さっき顔を見せたことで了解してくれたの」

彼女の話からわかってきたことは、ミルナはここでメイドとして働いているということだった。ミルナはタガログ語と日本語のチャンポンで話し始め、次第にタガログ語に落ち着いていった。簡単な英単語は理解しているようだが、正確に話すのは難しいようだった。

「私、とても忙しいの。毎朝三時に起きて家の中と外を箒で掃くの。家族の朝食の準備が終わると、子どもを起こしてシャワーを浴びさせる。入念にアイロンをかけた制服を着せて、食事させるの。それから歯を磨かせて、学校の支度は私がするの。ボスは子どもを学校まで送ってから仕事に行く。奥さんが家にいるから私には休みがないよ。食器の片づけが終わると、一日おきに子どもの制服や家族の服を洗うの。どんどん溜まっていっちゃうからね。家を片づけたりしていると、じきにお昼の時間。昼食を作って、わたしもちゃんと食べなくちゃね。

温かいお弁当を届けにジープニーで小学校まで行くの。学校が早く終わる日は、そのまま学校で待機する。でも、だいたいいったん帰って、また迎えに戻るよ。子どもが帰ると目が離せないね。宿題をしている間に夜ご飯の準備もしなきゃ。休めるのは家の外でタバコを吸う時間くらい。あなたはタバコ吸う？　持ってないか。じゃあ、そこまで一緒に買いに行かない？」

ミルナと一緒にサリサリストアまで出かける。一軒目は呼んでも誰も出て来なかった。少年たちがたむろしている斜め向かいの店に行く。彼らの視線を背中に受けても、もう気にならなかった。ミルナはボクにとって友達になりかけていた。マルボロを二本買いながら「キャンディー欲しい？」と聞いてくる。お菓子類はあまり食べないので遠慮した。

「朝早くから晩まで一日中休みなく働いて、一カ月の給料は四五〇〇ペソ（約一万円）よ」と教えてくれる。以前地方都市ではメイドの仕事への対価は三〇〇〇ペソが相場だったけれど、今はどうだろう。ただ、物価が上がり続けるマニラで、月に四五〇〇ペソではやっていくのは難しい。

「私の給料でサンタメッサ地区に住んでいる姉一家の面倒を見ているの」

ミルナの居場所

再び元の鉄柵に座ると、背筋と臀部に若干の疲れを感じながら、「どうしてそんなに大変な仕事を続けているの？」と馬鹿げた質問をしてしまった。

「私には家がないよ。姉さんが住んでいる所はもともと両親の家だったの。父さんは二〇〇九年に、母さんは最近死んでしまったわ。私は子どもどころか結婚もしていない。姉さんには旦那や子どもたちがいる。ただ肝心の旦那には仕事がなくてね。だから姉さんたちに家賃のいらない実家に住んでもらって、その他の面倒は私が代わってみているの。私にとって家はここしかないの。マニラ生まれで田舎もない。私の居場所はここだけ」

話している横を、半袖に短パン、サンダル履きで恰幅のいい男が通りかかる。スイッチを切った懐中電灯を手にしていた。「ガビー（こんばんは）、チェアーマン！」とミルナが語りかけたので、「え、チェアーマンって、バランガイキャプテン？」と小声で彼女に尋ねる。「そう、地区のキャプテン」。彼がこちらに目を向けたので会釈すると、人の良さそうな笑顔を作った。人通りも疎らな夜の住宅地を「お散歩」していたのだろうか。

「日本にいたのは二〇〇六年だったかな、忘れちゃった。場所はどこだっけ、ん〜、苗場！そうそう、新潟県に半年住んだの。初めは日本語が全然わからなかった。お客さんは英語できないしコミュニケーションは大変よ。いろんな単語をローマ字で紙に書いて覚えた。『イイ男』とか『好き』とかね。字はまったくわからない。お客さん相手に話して練習するから、会話はだんだんわかってきた。ある年配の人が私のこと『好きだ』って言ってくれて、私が帰る時に泣いてくれたの。『また必ず帰ってきてほしい』って。それで日本に戻ろうとしたんだけど、マニラで受けた面接でバレエのような踊りをさせられるのが嫌になって。みんな私より若いし綺麗でしょ。なんだかそうしたことに疲れちゃって、日本に戻るのを諦めちゃった。

最後日本からフィリピンに帰る時、お金がなくて家族にお土産すら買えなかった。近所のゴミ捨て場を通ったら、まだ着られる服がたくさんあって、それを持ち帰ってきたよ。テレビもあったからダンボールに入れて送ったの。ちゃんと使えて、親がすごく喜んでいたよ」

話し込んでいるボクたちの横を再びチェアーマンが通り過ぎる。地区を一周したようだ。ボクが「あれってパトロールなの？」とミルナに囁くと、彼女が「チェアーマン、パトロールしてるのかって」と陽気に彼に声をかけた。チェアーマンはまたしても微笑んだだけで、そのまま行ってしまった。単に無口なのか、あえて話さないのか、実際のところよくわからない。

スパゲッティーの味

ミルナから「何か飲む？」と聞かれ、「じゃあお水でも」と答えると、戸口の鍵を開けて中に入って行った。携帯で時間を確認すると一一時半を回っていた。背もたれもない鉄柵に長時間座っているのが苦痛になっていた。立って背伸びをしていると、見知らぬ男が携帯で話しながら五メートルほど先までやって来て道端にしゃがみ込んだ。

ミルナが、なみなみと水を注いだコップを手に戻ってきた。

「お腹空いてない？」

ボクはまだ夕飯を食べていなかったので、非常にお腹が空いていた。とはいえ、この時間から食べに出るのは面倒だった。

「特に空いていないよ」

「そう、せっかくスパゲッティーが残っているのに……」

あるなら、先にそう言ってほしかった。慌てて「ちょっとだけ味わってみたいな」と言い直す。ミルナは遠慮がちな日本人の性質を心得ているようだ。気を利かせて皿いっぱいに温め直したスパゲッティーを持ってきてくれた。「私のボスも、あげなさいって言ってくれたからね」

ボスはボクを彼女の恋人と思ったようだった。メイドという仕事は、雇用主の家に住み込むから、私生活までボスの監督下に置かれる。家にいる時間そのものが賃金の対象なので、人と会うことやちょっとそこまで出るのにも、正当な理由や時間の目安を伝えて許可を得なければならない。特に、彼女のボスは厳しいのだという。

仮にボクが彼女の恋人で、二人とも立派な大人であっても、会えるかどうかはボスの一存で決まる。ましてや彼女の部屋へ入るのは論外だ。とりわけ性に関する素行については、まるで娘に対するように厳しい。ミルナほどではなくとも、メイドという職業は不自由な状態に身を置く仕事だ。バーで知り合った晩は、結婚して地方に住んでいるミルナの幼なじみがマニラに戻ってきた時だったという。

「ボスが特別に外出許可をくれた晩で、本当に楽しかった。幼なじみはお金持ちだから、おごってくれたのよ。あの時初めてティモグに行ったわ」

あれから半年間一度も遊んでないようだ。「そうそう、来週は私の誕生日なの。自分へのプレゼントさえ買えないけどね……」とため息交じりに話した。

「小さい頃からずっと誰かのために働いてきたよ。ちゃんとした仕事がない両親を手伝って、兄弟の中で私が一番働いた。おかげで学校に通う時間もなかった。親と兄弟のために働いていたから、いつも手元にはお金が残らなかった。

今だって姉さん一家の面倒を見てるでしょ。恋人をつくる時間もチャンスもない。もうこんなに年とって、私おばあちゃんになっちゃったよ。これまでずっと一人ぼっちできて、私の一生はこのまま変わらないと思う。カオルはいいな、日本に帰れるもの。行きたいところにだって行けるでしょ。私は日本に行くことができたけど、空港からバスに乗って新潟のバーに行っただけ。後はずっとマニラ。フィリピンの観光地もよく知らない。ミンダナオ島やセブ島も行ったことないよ。どこもとても遠い場所ね」

ミルナはしばらく俯いて、言葉を探していた。

「フィリピンにはクラス（階級）があるよ。すごく不公平で、車を持つ人は何台も持ってる。私のボスは別の土地もある。なのにトライシクル一台だけの人もいる。それで必死に家族を養ってる人たち。でもね、私にはそれすらない。何もない。何やったって、どうしたってずっと持つことができない。自分で仕事が作れたらいいけど、どうやったら今の生活を変えられるのかもわからない。ただ今日働いて食べて、タバコを数本吸って、他人の子どもの面倒をみて、他人の家族の世話をする。明日もあさっても同じこと。何も変わらない。私の人生はこんなもの。みんなじゃないけど、お金持ちは冷たい人が多いよ。私の家族の事情なんて気にしない。同じ家に住んでいてもまったく別の世界にいる人たちなの」

　時間はすでに深夜零時を回っていた。三時間後にはミルナの起床時間がやってくる。彼女をこれ以上引き留めるわけにはいかないし、ボクもいろんな意味で疲れを感じていた。夕食の残りのスパゲッティーとはいっても、彼女の手作りであることがなによりも美味しく感じられた。

「通りまで送りたい」という彼女の申し出は丁寧に断った。去り際の彼女の言葉がタクシーに乗ってからも頭の中で響いていた。

「カオル、来てくれて本当にありがとう。今日は楽しかった。ずっと忘れない。いつか私が好きな日本の人たちに、私のことを伝えてほしいよ。私は元気でやっているって」

カンビンガンでの一件

カンビンガンの人間模様

クルス・ナ・リガスに一軒だけあるビデオケ店の名は「カンビンガン」という。そこの主人は白砂のリゾート地で有名な、ビサヤ地方のロンブロン島出身だ。

カンビンガンで主人を手伝うのは奥さんと奥さんの姪、そして姪の恋人で、いわば家族経営になる。姪とその恋人は店内で同棲している。客が帰ると店の隅にテーブルを寄せ、その上で横になる。吹き抜け構造なので早朝は肌寒く、ブランケットは欠かせない。姪と恋人のハイメイは、まだ二〇代前半だ。

ハイメイの母親は、実は日本人だ。そう言われて見るとハイメイはどこか日本人っぽい。六歳の時に母親が亡くなり、父とフィリピンに移ることになった。「小学校からこっちだから日本語は忘れちゃった。せっかく六歳まで日本にいたのに」と残念がる。

「ハイ、カオル、ワッツアップ？」

ハイメイはボクに毎回英語を交えて話しかけてくる。ビデオケのフィリピン人のお客さんに英語を使うわけにはいかないのだろう。せめて外国人であるボクを相手に使いたい気持ちはわかる。好奇心旺盛で勉強熱心なタイプの彼は、ラップやダンスも独学だ。

このところカンビンガンに行く機会はめっきり減ってしまった。以前は仲間が頻繁に集まる場所の一つだった。特にここを好んだ友人ブライアンは大のカラオケ好きだ。かなり調子っぱずれの「美声」を響かせていることを本人は知らない。

ブライアンはフィリピン大学を首席で卒業した秀才なのに、普段の彼からはそうした雰囲気がまったく感じられない。彼は賑やかな場所が好きで、一緒にカフェへ行くとインターネットで情報収集から論文執筆までマルチタスクぶりを発揮する。とにかく複数の物事を同時にひょいひょいこなしてしまう。

大学内をぐるりと周るジョギングコースを彼と走った時、「お先に」とボクは彼を抜いていった。しかし、到着すると、彼は一足先にボクを待ち構えていた。途中追い越された記憶はまったくなかった。抜け道を使ったとは頑として認めない。競争ではなくても彼には「トップ」への強いこだわりがあるようだった。とにかく、何事にかけても彼は特別だった。化学分野では国内トップレベルで国からの期待も大きい。スイス企業主催のコンテストで入賞し、ブラジルやタイ、日本からも学会などへの招待があった。現在は日本の国立大大学院に在籍しながら、しょっちゅうカラオケ写真を送りつけてくる。ドゥテルテへの評価を巡って時に意見がぶつかることはあっても、悩みがあれば相談に乗る。カンビンガンでグラスを交わしながら歌い、騒いだ挙句歩けないほどベロンベロンになる。そんなかけがえのない友人の一人だ。

美容サロンを営むイドルやジャックもここの常連だった。ジャックの娘もここでたびたび恋人と密会していた。ドバイに行ったドゥークやサロンで働いていたローズアンも入り浸っていた。酔っぱらったローズアンとはここで喧嘩もした。カンビンガンは、そんなバランガイの雑多な人たちと気軽に集える場所だった

一般にビデオケの客層は力仕事の日雇労働者やトライシクルの運転手などが多く、加えて家に居場所がないおじちゃんやカラオケ好きなどだ。でも、大学の向かいにあり、バランガイに一件しかないビデオケのカンビンガンは、学生や大学職員も出入りしていた。

ここに集う客は概して歌が上手だ。歌の上手さはフィリピンでは評価ポイントになるので、多くがそこにプライドと情熱を注ぐ。思いを寄せる人やその場にいる誰かの眼差しを獲得するために、ここぞとばかりに声を張り上げてアピールする。

夕方、テレビの競馬中継を見ながらオーナー主催の賭けが行われるのも、ここの特徴だ。その時間帯には中年男性客で埋まり、熱気と煙草の煙で店内はむんむんしている。

カンビンガンでは、酔った客による喧嘩がたびたび起こる。ハイメイによれば、こんな騒動があったという。

「酔って別の客に絡む喧嘩はいっぱいあるよ。たとえばある男がね、以前オーナーから立入禁止を食らったのに、懲りずに一人で飲みに来たんだ。そいつは悪酔いして隣の席にいた二人組のフィリピン大の女学生にウィンクを送った。彼女らが彼をたしなめたことで、軽い言い合いが起きて、オレが間に入ったんだ。でもそいつはオレの注意は完全に無視してたよ。

しばらくして学生たちにまたちょっかいを出し始めた。卑猥な仕草や、聞くに堪えない言葉を吐いたんだ。女学生の一人がとうとう怒ってしまって、バッグから何かをつかんで男に近づいていった。そしてオレの目の前で男の横面を思いきり殴ったんだ。男はぶっ倒れて床に伸びていたよ。彼女の手にはメリケンサックがはめられていた。ぶっ倒れたやつ、それがあいつだよ」

ハイメイは近くのテーブルで一人黙々と飲んでいる男性を指さした。そんなことがあってもなお同じ店に来るとは、よほど家に居場所がないのかもしれない。どこかその男性が哀れに思われた。

活動家アイアン

ある時、サンデーの家の前でイドルたちと飲んでいると、イドルの知り合いが通りかかった。イドルは「フィリピン大学で教鞭をとっているアイアン」とボクたちに彼を紹介した。本人も別段否定しないので、ボクも〈若いから助教なのかな〉と思っていた。実際のところは、教授の助手をしているだけだった。アイアンはゲイだった。だからというわけではなく、先住民族へのシンパシーを長髪に込めていた。バランガイで見かけると、いつも小学生のように短パンからスラっとした足を出し、白いTシャツ姿だった。単に短パン好きなのだ。わざと腰やお尻のラインを強調してみせる人はいるが、アイアンはそうした類の「色気」をまったく感じさせなかった。

彼に誘われ、フィリピン大学内で年に一度開かれる先住民のキャンプイベントに行った。一カ月にわたる大掛かりなイベントで、展示やドキュメンタリー映画上映、勉強会などを毎年催していた。そこで彼らは先住民が多国籍企業などから強制立ち退きに遭っている状況を報告し、国軍は企業側に立って人権侵害を行なっていると訴えていた。

先住民たちは行き過ぎた資本主義やグローバル化によって、彼らの生活空間が搾取構造に組み込まれることに「ノー！」の声をあげ、独自に育んできた文化を守る立場を鮮明にしていた。そうした抗議が、多国籍企業を優遇し、外国人による土地取得を容易にする政策を新憲法草案に盛り込もうとするドゥテルテ政権への明確な「ノー」となるのは自然の成り行きだった。

ドゥテルテ大統領はダバオ市長時代、どちらかといえば先住民の置かれた苦境に理解を示していた。アメリカや国連を声高に批判し、「反帝国主義的なナショナリスト」として登場したものの、いつの間にか「オバマ嫌い」へとすり替わり、自国優先主義を掲げる偏狭なトランプ大統領に共鳴してしまった。それに加えて、水など自然資源に目をつけている中国とも数々のビジネス合意を交わし、先住民の失望は想像以上に大きい。

二〇一七年九月二一日には「怒りの日」と題して、フィリピン大学を始め、学生や先住民、活動家、一般の人たちが一丸となって、大統領官邸（マラカニアン宮殿）近くのメンジョーラへとデモ行進をした。そこでの集会後、リサール（旧ルネタ）公園へとデモは続いた。現政権への全国的な反対運動における先住民の貢献は大きく、政策の陰で人権をないがしろにされた者の声を代弁している。

先住民キャンプ運営役員の一人であるアイアンは、ボクを案内した帰り道、「彼らを地方から呼ぶ旅費や食事代は寄付で賄っているんだ。少しばかりお願いできないかな」と言う。もちろん寄付は歓迎だけど、どうせなら直接キャンプで渡したかった。路上で彼に五〇〇ペソを渡したことに、わだかまりが残った。

バランガイでのつき合い方

アイアンは問題意識が高く社会運動の経験も豊富で、生活は常に運動と共にあるようだった。その割に少しツンとしたところがある。サロンのイドルとは気が合うらしく、ボクにも笑顔で接して

2017年9月21日「怒りの日」のデモ

くれる。ところが、サンデーを始め、バランガイの人たちには目もくれない。彼は初めからつき合う相手を選ぶかのようだった。バランガイの人たちが理解できないのを承知で早口で英語を話し、ボクやイドルにばかり話しかけていた。

こんなことがあった。ブライアンやイドルとカンビンガンで飲んだ帰り、ジェフリーとばったり遭った。普段大人しいジェフリーは、酔うと喧嘩っ早くなる。その時は酔って不機嫌な様子だった。初対面のブライアンに「オレはジェフリーだ。お前は？」と聞いた。彼らのようなグループと日頃あまりつき合いを持たないブライアンは、ボクたちに英語を混ぜて話していた流れで、ジェフリーにも英語で応じた。さっそくジェフリーはその姿勢に反応した。

「はっ？　お前フィリピーノ（フィリピン人）だろ、ふざけてんのか？」

酔っていたブライアンは予期せぬ反応に焦ったのだろう、今度は片言の日本語まで飛び出した。

「こいつバカにしやがって、ふざけんな！」

怒りを爆発させたジェフリーがブライアンの胸ぐらをつかんだので、慌てて間に入った。近くにいたマルコもジェフリーをなだめた。

ジェフリーとイドルは親戚だ。後でイドルは「見た？　あいつの態度。親戚として恥ずかしい。これだから野蛮な人間とはつき合っていられない」と憤慨していた。この一件はボクにさまざまな示唆を与えてくれた。ジェフリーを含めたグループは、英語を話すことはもとより、知をひけらかす者に対して相当程度のコンプレックスがあるに違いなかった。彼らと関係を結ぶ際、ボクは外国人ということで英語を使ってもかまわない。向こうも簡単なやり取りを楽しんでくれる。でもいつまでもそれが続くと当然彼らには負担となる。つき合いが長くなれば、英語はしまって彼らの使う言語へのシンパシーを見せたほうがいい。関係性を一歩深めるには、相手の懐に飛び込むことも大切だ。英語で話しかけたとしても、せいぜい彼らが口にする「カラバオイングリッシュ（拙い英語）」に自然と合わせる気遣いも、相手の自尊心をむやみに傷つけない礼儀の一つだ。

いざこざはこうして始まった

ある晩、イドルたちとカンビンガンで飲んでいた。少し離れた席で見慣れない屈強そうな二人組の男が飲んでいた。一人がチラチラとイドルに視線を送っていた。

「あの男、私に気があるみたい。合図を送り返そうか」

イドルが毎度の調子で言う。そして本当に遊びで送ったので男がやってきてしまった。間近で見ると鋼のようなガタイだ。単にジムで鍛え上げられたものではなく、職業柄なのだろう。

彼の足取りや呂律のまわらない「ハロー」という声で、けっこう酔っぱらっているのがわかる。イドルは名乗るとすぐに、「紹介するわ。この人は日本人。フィリピン大学大学院の学生よ」と紹介を始めた。話し相手が尋ねない限り普段自分から話すことはない情報だ。男の表情に一瞬たじろぎが見えた。それが対抗意識を刺激してしまったに違いない。挑戦するような質問を次々に繰り出してくる。音楽が騒々しい店内で呂律が回っていないせいもあり、彼の言葉がうまく聞き取れない。それでも「お前は頭がいいのか？」「スポーツはしないのか？」など、どこか棘がある。横からイドルが「彼は政治が好きよ」と余計な口を挟むので、「ドゥテルテをどう思う？」と聞かれた。「よくわからない」と言葉を濁すと「お前勉強しているのに、基本的なことも知らないのか？」と言われる始末だ。

熱心な「ドゥテルテ教徒（支持者）」のイドルは、「ドゥテルテ最高！」と言って、トレードマークである拳を突き出す仕草をした。男もドゥテルテを支持していた。別に支持していても一向にかまわない。ただ、それをむやみやたら人に押しつけなければいい。けれどイドルが「ドゥテルテの息子（前ダバオ副市長）がまた、めちゃくちゃハンサム」と言った途端、男の反応が急に変わった。彼がそれを否定しにかかったので、何が何だかよくわからない。見知らぬ相手と下手に政治の話をすると、こういう厄介なことになる。彼とイドルの間でつまらぬ言い合いになり、せっかく楽しかった場が険悪な雰囲気に変わり果てた。するともう一人の男がこちらに来て、仲間を自分たちの席へと連れ戻してくれた。イドルはわだかまりを嫌う性格なので、ほっとけばいいのに男たちの席に行って何やら話し始めた。しまいには仲直りしたようでほっとしていると、イドルはその男を連れて戻ってきた。

そこにアイアンが偶然顔を覗かせた。彼は成り行きで男とイドルの間に座ることになった。イドルとの間に、急に見知らぬ輩が座ったことに男はムッとしたようだった。

「彼はフィリピン大学教授のアイアン」

イドルは前にボクにしたのより、さらに盛った紹介をした。男は握手を求めたアイアンに突然、「お前、男か？　女か？」とニタニタしながら尋ねた。アイアンは、一瞬男の真意を測りかねていた。やがて差し出していた手を引っ込め「何なのこの人？」とこちらに向き直って尋ねる。「ここで知り合った友達よ」とイドルが取り繕うも空しく、すでにアイアンの眼差しには男への軽蔑がみなぎっていた。

もう一人の男もやってきて、「お前フィリピン大学なのか？　オレも卒業生だ」と見え見えの嘘をついた。「そう？　何学部？　学部棟はどこ？　教授は誰？」とアイアンが具体的に問い詰める。男は答えられずにぶすっとしてしまった。

アイアンは最初の男に向き合うと「あんた軍人でしょ？」と聞く。男が否定すると「じゃあ何？」と攻めていく。最後まで男は職業を明かさなかった。職業は何であれ、アイアンが議論の材料を探している以上、言わないのが得策のようにボクには思われた。

差別が生むもの

「フィリピン大学の学生相手に嘘ついたってすぐバレるからやめときな」とアイアンは一方的に男たちを「軍人」と決めて口撃にかかった。先住民運動のなかで国軍の横暴をいやというほど知っているだけに、軍人を宿敵のように見なしていた。

「ドゥテルテに尻尾ふって、先住民を苦しめて楽しいの？」と男たちをなじる。アイアンの執拗な口撃は続いた。「LGBTって知ってる？ さっきのあんたの発言は差別なんだよ」と、まるで子どもに言い聞かせるかのように話しだす。アイアンの矢継ぎ早にふるう弁舌を前に男はなす術もなく、代わりにまるで女性の顔を撫でるかのようにアイアンの顔を手の平で撫でつけた。驚いたアイアンは男のがっちりした腕を手で強く跳ねのけた。初めから両者に議論が成立するはずがない。こうなることは目に見えていた。

男が怒って「バクラ（ゲイ）が！」と立ち上がると、アイアンも「その言葉を撤回しろ。訴えるぞ！」と立ち上がる。するとそれまで傍観に徹していたイドルが急に立ち上がり、「もうやめましょう。とにかく私がそっちの席に行くわ」と男を強引に元いた席へと連れていった。他の客たちもこちらを注視していた。怒りからだろう、アイアンは涙を流していた。ボクは黙って彼の吐き出す言葉を聞いていていた。

必要以上にアイアンを挑発した男は論外だとはいえ、「軍人」を嫌悪し、しかも男に対してどこか優越感を抱くアイアンにも、問題の一端はある気がした。でも何よりこの騒動を巻き起こした原因はイドルにあった。彼女が人の肩書を見ず知らずの人に紹介することで、要らない軋轢が生まれたのだ。

実はフィリピンでは、名前の前に肩書を冠することが一般的だ。社会的ステータスを象徴する肩書を必要以上にひけらかしたがる。そうした肩書を持たない人たちは、社会的ステータスの高い人を「サー」と呼び、自らを卑下して見せることで、彼らの自尊心をくすぐる術を熟知している。それは、「持つ者」にとっては「目に見えるベネフィット」となる。一方、「持たざる者」にとっても、何かしらの恩恵への期待を抱かせる。大雑把に言えば、それによって単純化された二種類の人間を社会の中に生み出していた。

イドルに悪気がないのはわかっている。無自覚なのが問題なのだ。「私には教授の知り合いがいるのよ」という情報を、相手の先入観に植え付けることで、自らのステータスを高めようと考えている。社会的には一種の戦略だろうが、ボクたちの関係には不必要なものだ。そうした紹介によって、本当なら真っさらな立場で新たな関係が築けた可能性を、限定的なものへと押し込めてしまう。肩書があってもなくても、専門知識があろうがなかろうが、人としてのつき合い方を知るほうが何よりも大事だと教えてくれたのは、他でもないバランガイだった。社会的に非の打ちどころがない人であっても、バランガイコミュニティーにおいては、それだけで尊敬される要素にはなり得ない。肩書を鼻にかけようものなら「お高いやつだ」と後ろ指を指され、誰からも相手にされなくなる。バランガイは人間の実生活の営みが反映された、等身大の社会がその核となっている。それは、てんでんばらばらな個のネットワークによって支えられた、多元的な価値観が息づく「場所」ではないかと思う。

その一件から数週間経った晩、アイアンから携帯に連絡が入った。「カオル、ちょっと頼み事がある」。これは何か良からぬ知らせの時の決まり文句だった。外へ出ると、煙草を吸うどこか意気消沈したアイアンがいた。

「実はさっき歩いている最中、背中のバックから財布を抜き取られて、銀行カードやら証明書やら全部盗られちゃったんだ。どうしていいかわからなくて。友達から煙草を分けてもらったけど、ご飯もまだ食べてなくて……。悪いけど少しばかりお金を貸してもらえないかな」

薄々そんな事情かと思っていた。いったん家に引き返して五〇〇ペソを渡す。

「これしか力になれないけど、何か食べて。必要なものに使ってよ」

「本当にありがとう。君こそ数少ない本当の友達だよ」

それっきり彼から連絡はなかった。時々道端で見かけ、「やあ、元気？」と飲んでいるイドルに話しかけることはあっても、ボクからは目を背けていた。彼のよそよそしい態度の理由がいまいちボクにはわからない。ただ、彼とは相容れない部分があるのだと漠然と感じていた。

ある日、外でいつものようにジャンベを叩いていると、目の前をアイアンが通りかかった。「やあ！」と珍しく向こうから声をかけてきた。今までにない明るい声だった。後ろ姿を眺めながら、服装がセクシーな女性ものの紐のブラウスに変わっていることに気がついた。アイアンのなかで何かが吹っ切れたのだろうか。その日はボクも妙に陽気になって、ジャンベを叩く手に思わず力を込めていた。

おわりに

ぼくは今、マカティ市のバランガイに住んでいる。ニノイ・アキノ国際空港からも近いメトロマニラの中心地だ。ケソン市に住み始めて六年。バランガイ生活にどっぷりと浸っていたぼくだったが、「カンビンガンでの一件」を書き終えたころから、なんとなくこの居心地の良い環境から飛び出したい気持ちが湧き始めてきた。それは急速に育ちはじめ、ついに抑えきれないほどに膨れ上がってしまった。大学院の授業もとりあえず単位取得は一段落し、ほっとしたこともあったかもしれない。修論は残したままだけど生活を変えたくなった。もちろん、経済的なこともあった。

運よく、邦字紙「まにら新聞」の記者として職を得ることができた。日々、取材に飛びまわり、多くの新たな出会いを経験している。それはケソン市でのバランガイ生活とはまた違った刺激を受け、さまざまな視点でこのフィリピン社会をみる必要性を認識させてくれる。

この本が紆余曲折を経て完成する間に、ドゥテルテ政権もいつの間にか折り返し地点にきていた。この間、フィリピン社会は大きく変わり、バランガイでは路上飲酒はおろか、喫煙や上半身裸、果ては路上でのタンバイ（人と話し込んでいたり、まったりと時間を過ごすこと）、人待ちをしていてさえ逮捕される人が続出している。二〇一八年七月二九日までに、首都圏だけで七万八三五九人が「タンバイ」を理由に警察に捕まった。一二月一一〜二四日のクリスマス期間中には、首都圏で未成年五八二人を含む九六七人の「物乞い」が、路上で警察に「救出」された。彼らは、それからどこへ連れていかれたのだろう。

マルコス独裁政権を打倒して以来、この国が積み重ねてきた民主主義の実践が崩れ去ろうとしている。ドゥテルテ政権は明らかにこれまでの政権とは違う。彼が宣言している「実行する政権」を見せつけ、それが高い人気を維持していることは理解できなくもない。目にあまる汚職、賄賂などは表向き影を潜め、街は大開発にともなって整然さを見せてきている。しかし問題なのは、今フィリピンで起きていることは、挫折を味わっている人間に学ぶ機会を提供することなく、罰によって矯正を押し付ける冷たい社会になりつつあることだ。これでは根本的な変革や解決には至らないのではないか。観光省は「More fun in the Philippines（フィリピンはより楽しい）」を前面に打ち出しているものの、ぼくの眼には、生活の隅々までがんじがらめにされて硬直化し始めている社会のありさまが目に映る。社会の二分化は以前にも増して進行してしまっているように思えてならない。一体誰を主体にした「実行」なのだろう。根本的な疑問が湧いてくる。

引っ越しはバランガイの飲み仲間たちが手伝ってくれた。つい先日も狭い部屋に六人も遊びに来てくれた。良い仲間たち、かけがえのない友情をかわらずに持ち続けてくれる彼らに、ありがとう、と伝えたい。彼らがいたからぼくはこのエッセイ集をまとめることができた。

そして、今回、ぼくの書き溜めたつたないエッセイを出版してくださった論創社社長の森下紀夫さん、この間、励まし続けてくださった編集担当の松永裕衣子さん、丁寧に読んでアドバイスしてくださった福島啓子さんはじめ、関わってくださった皆さまには心から感謝しお礼を申し上げます。また、これまで最も近くで理解を示し、経済的にも精神的にも支えてくれた両親にも、この場を借りて「ありがとう」と伝えたい。ぼくの尊敬する鎌田慧さんには、励ましの言葉を帯にいただきました。身に余る光栄です。

本当にありがとうございました。

二〇一九年六月　　マカティにて

岡田　薫

著者

岡田　薫（おかだ・かおる）

1981年横浜市生まれ。和光大学表現文化学科卒業後、中国、インドネシア、フィリピンに日本語教師として滞在。フィリピン大学大学院アジアセンターでフィリピン学専攻、在籍中。現在「日刊まにら新聞」記者。

半径50メートルの世界　フィリピン　バランガイ・ストーリー

2019年 8 月10日　　初版第 1 刷印刷
2019年 8 月20日　　初版第 1 刷発行

著　者　岡田　薫

発行者　森下　紀夫

発行所　論 創 社
〒101-0051 東京都千代田区神田神保町 2-23　北井ビル
tel. 03 (3264) 5254　fax. 03 (3264) 5232
http://www.ronso.co.jp　振替口座 00160-1-155266

装　幀　野村　浩
組　版　中野浩輝
印刷・製本　中央精版印刷

ISBN978-4-8460-1852-8